TOI, CE FUTUR COMMISSAIRE DE POLICE

La méthode infaillible en 7 points pour réussir le concours

Pierre-Etienne HOURLIER

@Pierre-Etienne HOURLIER, 2023

ISBN : 9798398927566

Independently published

Le code de la propriété intellectuelle interdit les copies ou reproductions destinées à une utilisation collective. Toute représentation ou reproduction intégrale ou partielle faite par quelque procédé que ce soit, sans le consentement de l'auteur ou de ses ayants cause, est illicite et constitue une contrefaçon sanctionnée par les articles L335-2 et suivants du Code de la propriété intellectuelle.

SOMMAIRE

INTRODUCTION..7

CHAPITRE 1: Pourquoi commissaire de Police? 10
    Le commissaire de police, un manager opérationnel..10

CHAPITRE 2: Analyse stratégique du concours 14
    Le calendrier du concours... 14
    Le choix du concours... 20
    Quelques chiffres utiles... 21
    Typologie des épreuves.. 23

CHAPITRE 3: Être admissible: objectif, se démarquer..28
    L'épreuve de culture générale..................................... 29
    Les dissertations de droit public et droit pénal......... 43
    L'épreuve de QRC/QCM... 63

CHAPITRE 4: Réussir l'épreuve écrite de cas pratique à partir d'un dossier administratif, la méthode secrète pour prendre des points........ 75
    Les modalités de l'épreuve.. 76
    Être commissaire de police sans jamais l'avoir été, comment faire?... 78
    La méthode du plan d'action....................................... 85
    La rédaction de la copie... 91

CHAPITRE 5: Un esprit sain dans un corps sain: l'approche méthodique des épreuves sportives et psycho-techniques..................156

 Généralités à connaître..157
 Le contenu des épreuves..159
 Les tests psycho-techniques écrits............................161

CHAPITRE 6: Grand oral, les clés du succès sans stresser..164

 Préparer sa posture..164
 La posture au cours de l'épreuve...............................167
 L'apparence..169
 Poser le ton..170
 Maîtriser les mots...171
 Gérer l'exposé...173
 L'entretien avec le jury..179
 Les critéres d'évaluation du candidat......................189
 Thèmes d'actualité..193
 Bibliographie...194
 Filmographie...196
 Sites internets utiles..197

CHAPITRE 7: Les autres épreuves orales, le chemin de la réussite................................198

 L'épreuve de langue étrangére..................................198
 L'épreuve de mise en situation individuelle..........199
 L'épreuve collective de mise en situation..............200

CONCLUSION..207
AUTRES LIVRES DE L'AUTEUR.................................208

«*Le sage guérit de l'ambition par l'ambition même.*»

La Bruyère

INTRODUCTION

Être commissaire de police, c'est endosser l'écharpe tricolore sans être élu. C'est incarner l'autorité administrative et judiciaire à la fois.

C'est aussi et surtout avoir la responsabilité de dizaines d'hommes et de femmes qui ont choisi de représenter ce que le contrat social démocratique nomme une force étatique pour garantir la paix de tous et de chacun afin d'éviter l'anomie.

L'actualité le démontre tous les jours, ce n'est pas le choix de la facilité, loin de là.

À métier difficile, concours très difficile. La sueur est fille du succès.

Entraînement difficile, quotidien plus facile.

On ne passe pas le métier de commissaire de police par hasard. Il n'y a pas vraiment de place pour le hasard dans le Corps de conception et de direction de la Police Nationale. Il est question de sécurité publique.

Savoir ce qu'est réellement le métier de commissaire de police et ce que contiennent les épreuves du concours sont les bases du succès, et pourtant peu nombreux sont ceux qui les connaissent réellement...

Est-il possible d'obtenir le concours de commissaire de police à l'issue de son Master alors que sa réputation est redoutable ?

Oui, vous avez les moyens d'être sur les bancs de l'École Nationale Supérieure de la Police (ENSP) dans quelques mois, c'est le but de ce livre : contribuer à vous en donner les moyens. Cette main dans le dos qui peut faire la différence... Celle dont on se souvient et qui nous porte quand on est fatigué, usé par les révisions, et qu'il reste une ultime épreuve orale à passer avant le Graal de l'admission.

Je vous vois venir...Qui est-il pour nous parler comme ça?

Un énième enseignant qui va nous livrer des kilos de culture générale et de conseils alors qu'il n'a jamais eu le concours lui-même?

Rassurez vous...tout va bien.

C'est un commissaire de police qui vous parle. Je n'ai aucune prétention d'être professeur de culture générale, encore moins de droit pénal ou de droit public. Par contre, j'ai eu le concours externe en 2010. Je suis encore aujourd'hui commissaire de police en fonction.

Cela fait onze ans également que je suis enseignant vacataire au profit des étudiants de la classe préparatoire aux concours de la haute fonction publique de l'Université Paris 1 Panthéon – Sorbonne et de l'École Normale Supérieure qui s'inscrivent au concours de commissaire de police et d'officier de gendarmerie.

J'ai eu la chance de donner et développer ces quelques conseils au profit d'étudiants qui sont aujourd'hui commissaire de police.

Je n'ai pas le profil du génie qui réussit tous les concours qu'il passe sans travailler. Le chemin a été dur, semé d'embûches, de remises en questions...et aussi d'échecs. Il m'a fallu une seconde tentative pour obtenir le concours. Je suis par conséquent bien placé pour témoigner de ce qui ne marche pas et de ce qui fonctionne. Je sais ce que c'est de passer de 06 à 18 en un an à l'épreuve de culture générale, en comprenant simplement comment ordonner ses idées et surtout comment écrire une copie de concours.

Avoir ce livre m'aurait fait gagner du temps, c'est pourquoi je le fais aujourd'hui.

Je le confesse, j'ai appris une leçon de vie pendant cette

période de travail intensif et d'efforts, pas toujours couronnée de succès: en matière de concours, la vérité du jour n'est pas forcément celle du lendemain à celui qui s'en donne les moyens. Abandonner est rarement la bonne option. S'informer au bon endroit et rectifier pour valoriser ses connaissances sont des réflexes bien plus stratégiques sur la voie du succès.

Préparer un concours et l'obtenir est une véritable ascèse, il suffit de voir l'état de fatigue général dans lequel arrivent souvent les lauréats du concours au mois de septembre à l'École des Commissaires pour s'en convaincre.

Rien ne se fera tout seul, ce n'est pas un passage d'examen à valider à 10 de moyenne. Il va falloir faire la différence tant aux écrits qu'aux oraux et ne pas être éliminé au sport.

Voilà le programme.

Il est temps de rentrer dans le vif du sujet, le temps est précieux et à employer judicieusement pour l'étudiant qui ambitionne de réussir un tel concours.

Ce livre va à l'essentiel, vous pouvez le considérer comme votre synthèse générale de vos années de préparation, votre livre « fil rouge »personnel secret.

Il contient des bonus et outil exclusifs pour vous donner toutes les chances de succès, notamment des copies de concours et une analyse personnalisée de votre CV en vue du grand oral. Ceci est compris dans le prix du livre, vous n'avez rien à ajouter. J'ai créé une adresse mail spécifique à votre attention, elle est indiquée dans le livre.

Le concours de commissaire de police se prépare judicieusement des années avant l'échéance des écrits.

Cet ouvrage s'adresse à tous les étudiants ou professionnels, quel que soit leur niveau, qui s'intéressent au concours de commissaire de police, voie externe comme interne.

La première partie du livre aidera celui qui s'interroge à savoir si ce métier est fait pour lui ou non.

Le livre est à jour de la réforme du concours initiée par l'arrêté du Ministère de l'intérieur et des outre-mer du 24 juillet 2023. Cette réforme s'appliquera pour la première fois à l'occasion du concours 2024.

Les candidats au concours externe, premier concours interne, second concours interne et concours sur titres et travaux y trouveront les élèments pédagogiques nécessaires pour le préparer sereinement et l'obtenir.

Les étudiants malins qui passent des concours similaires de la haute fonction publique y trouveront assurément de nombreuses réponses méthodologiques à leurs questions.

Toi, ce futur commissaire de police, voici les 07 marches vers le succès.

CHAPITRE 1: Pourquoi commissaire de Police?

Avant de commencer la description détaillée des épreuves; il est nécessaire de voir ce qu'il y a derrière la porte du concours.

Vous ne voudriez pas passer au minimum un an de votre vie à travailler pour un métier qui ne serait pas au final ce que vous imaginiez.

D'ailleurs, vous n'échapperez pas à cette question le jour du grand oral, qui ne tardera pas à se présenter sur votre route du succès.

Toi, futur commissaire de police ne pourra aisément pas se montrer hésitant sur une question aussi personnelle.

Le commissaire de police, un manager opérationnel

J'aime beaucoup cette définition pratique qui pose tout de suite ce que n'est pas un commissaire de police et à quoi peut ressembler son quotidien.

- **Le commissaire de police est un manager.** Il a le statut civil, il n'est pas militaire. Cela a une conséquence non négligeable, il doit nécessairement intégrer une part de dialogue social dans la vie de son commissariat ou de la structure administrative qu'il dirige. Ce n'est pas le cas de l'officier des armées, il commande avant tout. Il n'est pas tenu au dialogue social. Il y a des organisations syndicales dans la Police Nationale, ce n'est pas le cas dans l'Armée.

Le Commissaire de police est donc un manager. La pluralité de ses missions lui font alterner management directif, c'est par exemple le cas lorsqu'il est à la tête d'une compagnie républicaine de sécurité ou d'un escadron de gendarmerie mobile en tant qu'autorité civile à l'occasion d'une manifestation sur la voie publique ; et management participatif. Dans ce dernier cas, c'est par exemple la traditionnelle réunion quotidienne matinale avec ses proches collaborateurs, qui sont ses subordonnés hiérarchiques. Chacun s'exprime à tour de rôle et peut faire valoir son opinion ou des propositions, c'est une collaboration participative.

- Il existe **des dizaines de fonctions différentes** (osons dire métiers) **de commissaire de police.**

Concrètement, le commissaire de police qui obtient le concours intègre le Corps de conception et de direction de la Police Nationale, de catégorie A+. Il existe deux corps subalternes au sein de la Police Nationale, le Corps de commandement, de catégorie A, ce sont les officiers de police, et le Corps d'encadrement et d'application, ce sont les gardiens de la paix et gradés, de catégorie B.

Il existe ensuite différentes Direction de la Police Nationale, qui accueillent autant de fonctions différentes de commissaire de police:
— Chef de circonscription de sécurité publique
— Chef d'une division thématique
— Chef d'une unité judiciaire
— Chef d'état-major
— Attaché de sécurité intérieure dans une ambassade à l'étranger
— …

Les changements s'effectuent tout au long de la carrière. Il n'y a aucune mobilité géographique d'imposée, c'est une mobilité fonctionnelle qui est exigée en début de carrière. Concrètement, changer de « domaine de compétences » pour en acquérir de nouvelles.

Le Commissaire de police exerce en milieu urbain, l'officier de gendarmerie en milieu rural. Soyez donc sincères avec vous-mêmes, si votre premier poste est commissaire central adjoint de sécurité publique à Annecy ou Maubeuge, vous avez gagné un déménagement assuré dès votre second poste: il n'y a pas de continuité possible au sein de la même ville. Les postes de commissaires sont par définition en haut de la pyramide de la hiérarchie de la Police Nationale, il y en a donc très peu par ville, à l'exception des quelques grandes agglomérations: Paris, Lyon, Marseille, Lille, Bordeaux, Strasbourg.

À ce stade, il est absolument nécessaire que, toi, futur commissaire sache que près des 80% des postes de sortie d'École se font au profit de la Sécurité publique, qui est le domaine qui a le plus besoin de commissaire de police, puisque c'est celui qui regroupe le plus de policiers. Il s'agit en pratique de la Police de Sécurité du Quotidien, de la protection des personnes et des biens au sein d'une circonscription de sécurité publique, territoire qui regroupe une ou plusieurs communes. C'est le lien avec les maires, les magistrats du Tribunal judiciaire compétent, les responsables associatifs, les huissiers, le Sous-Préfet, la presse locale,...

Ensuite, dès le second poste, il est possible de postuler pour d'autres filières; judiciaires et renseignement par exemple.

- Le commissaire de police est **un manager « opérationnel »**.

Ce n'est pas un manager comme les autres.

Même lorsque le commissaire de police dort, les policiers de sa structure qui sont sous sa responsabilité et son autorité hiérarchique écrivent des procès verbaux à l'entête sans équivoque « agissons sous la responsabilité du commissaire de police X, chef de la circonscription de sécurité publique de X ».

Voilà, le décor est planté , si vous aviez encore des incertitudes sur la singularité du métier de commissaire de police.

Vous êtes en rendez-vous à votre bureau, un forcené est retranché chez lui, vous vous rendez sur place : manager opérationnel.

Vous êtes chez vous en week-end, un meurtre vient d'être

commis, vous êtes appelé, vous vous rendez sur les lieux : manager opérationnel.

Vous êtes en train de dormir : un incendie se déclare dans une usine où vos troupes ont besoin d'une directive précise sur une démarche d'urgence à tenir : vous répondez au téléphone et avisez en retour l'autorité préfectorale et votre Directeur départemental : manager opérationnel.

Vous êtes en vacances, certains de vos policiers sont blessés en service, vous prenez contact pour prendre des nouvelles et apporter votre soutien : manager opérationnel.

Pour vous donner un point d'ancrage précis sur ce thème essentiel tout au long de votre parcours sur le concours de commissaire de police, j'aime bien procéder par comparaison négative :

- les magistrats sont davantage des techniciens du droit de haut niveau, ils ne gèrent pas un service avec des personnels, ils traitent des dossiers judiciaires par centaines : enquête, préparation, audience.

- Les militaires commandent, c'est le rôle des officiers, du corps de commandement dans la Police Nationale, la distinction est à retenir.

Vous êtes désormais suffisamment informés sur ce qu'est réellement le métier de commissaire de police pour pouvoir passer la seconde porte : l'analyse stratégique du concours.

CHAPITRE 2: Analyse stratégique du concours

Si vous êtes arrivés jusqu'ici, c'est que vous avez probablement déjà une idée du programme qui vous attends. Voici une analyse stratégique des éléments essentiels du concours et des conséquences sur la mise en œuvre de votre préparation.

Le calendrier du concours

Attention, vigilance sur ce point.

Le calendrier des écrits du concours de commissaire de police n'a cessé d'être avancé ces dernières années pour arriver en tête des concours de la haute fonction publique sur une année civile.

Concrètement, les écrits se déroulent désormais dès la mi-janvier.

La conséquence est de taille, je vous suggère de la prendre en considération dès maintenant dans la construction de votre route vers le succès. Si vous attendez l'entrée en classe préparatoire, comme beaucoup d'étudiants, ce qui est une démarche saine et légitime face à un tel concours, vous vous retrouverez quatre mois après votre rentrée devant votre table de concours et vos 5 épreuves.

Voilà pourquoi établir dès maintenant une stratégie de calendrier est une démarche que je ne saurais que trop vous conseiller.

Voici les points clés qui me paraissent indispensables à l'établissement de votre stratégie de calendrier personnelle:

1) **Il est indispensable de justifier de la validation d'un Master 2, Bac + 5, avant l'entrée dans les murs de l'École Nationale Supérieure de la Police**, en cas d'obtention du concours. Cette rentrée à lieu en septembre de l'année du

concours.

2) **Aller au concours l'année de son Master 2**, sans aucune hésitation. Vraiment. C'est essentiel. Je l'ai fait, je ne le regrette pas.

Pas de faux-semblants, il sera très difficile de l'obtenir du premier coup en menant votre passage du diplôme de Master en parallèle.
C'est néanmoins possible, je dispose de plusieurs exemples. Certains assez significatifs: 05 matières d'écrits, le candidat obtient les notes 05–05-15-16-15. Il obtient l'admissibilité et brille aux oraux. Direction l'ENSP dès septembre après avoir obtenu son Master 2 en juillet.

Dit autrement, même si vous avez une, voire deux grosses matières faibles sur l'année où vous avez également à valider absolument votre Master 2, allez au concours. Vous aurez déjà lu le livre jusqu'au bout en plus !

3) Certains étudiants se retrouvent dans la **situation où ils ont déjà validé précédemment un Master 2 et sont inscrits dans une classe préparatoire au concours qui délivre un diplôme de Master 2.** Le calendrier des écrits, voire des oraux du concours provoquent une interférence de calendrier avec les passages de semestre de la classe préparatoire. Ils se retrouvent face à un dilemme : concours ou master 2 ou jouer sur les deux tableaux quittent à être épuisé lorsqu'il y a enchaînement de 15 jours d'épreuves de concours plus des épreuves comptant pour la validation du Master.

Ce cas devient fréquent, j'ai des exemples chaque année. Sachez qu'une université ne peut en aucun cas décaler un examen même pour un étudiant qui passe un concours. Vous êtes présent ou pas le jour J, c'est votre choix personnel.

Je sais qu'il est difficile de passer à côté d'un diplôme universitaire, souvent prestigieux, pour lequel on travaille tous les jours, même s'il n'est pas indispensable à la validation d'un concours.

C'est pourtant le choix que je vous recommande, sans aucun état d'âme. A partir du moment où l'on met les pieds dans une classe préparatoire, c'est que l'issue de sortie positive souhaitée n'est autre que l'obtention d'un concours. Vous êtes dans la situation où vous avez déjà le précieux sésame, **privilégiez donc le calendrier du concours à celui de vos passages de semestre de classe préparatoire.**

4) **Ayez un calendrier stratégique sur un an et demi de travail intense, correspondant à deux passages aux écrits au concours de commissaire de police.** Ainsi, vous débutez votre préparation en septembre de l'année N, idéalement l'année de votre Master 2.

* **Janvier de l'année N+1**, vous effectuez votre premier passage aux écrits. Les résultats tombent dès le mois de mars.

En cas d'échec, vous continuez à vous préparer aux épreuves du concours tout en validant votre Master 2. Le cap est désormais mis sur l'échéance des écrits du concours du mois de janvier de l'année N+2. N'arrêtez surtout pas vos révisions l'été de l'année N+1...j'ai personnellement gagné en partie mon concours par cette stratégie que je recommande. Arrivez « les idées en place » en septembre, ça n'a pas de prix dans cet objectif. Dès la première épreuve blanche, vous êtes déjà dans le match.

Si vous faites du sport à bon niveau, imaginez quelle serait la conséquence sur vos performances de deux mois d'arrêt de toute pratique de votre discipline. C'est la même chose avec un tel concours. Vous arrêtez complètement pendant trois semaines puis vous reprenez en augmentant progressivement les temps de révision quotidien jusqu'à la rentrée de septembre.

N'oubliez pas que les heures de révisions les plus performantes sont celles du soir, avant de se coucher. Le cerveau va continuer à assimiler ces dernières pendant votre sommeil.

En cas de succès, vous continuez à mener simultanément votre Master 2 et la phase d'admission du concours, qui s'achève en mai/ juin de l'année N+1 dans cette situation.

Beaucoup d'étudiants dans cette situation me font part de leur inquiétude légitime « puis-je me permettre de tout donner pour le concours alors que j'ai un second semestre à valider pour obtenir mon Master 2 dont j'ai besoin pour entrer à l'ENSP ?
Et si j'avais le concours et pas le Master 2 ? »

Je vous apporte une donnée personnelle à votre réflexion si vous êtes dans cette heureuse situation : je n'ai jamais entendu en 10 ans un seul exemple d'admission au concours et de non admission finale en raison de la non validation d'un Master 2. Je n'irai pas jusqu'à dire qu'une Université, qui aurait connaissance que l'un de ses étudiants est admis au concours de commissaire, se montrerait indulgente en cas de rattrapages en juillet de l'année N+1.

* **Mois de septembre N+1,** soit vous faites votre rentrée à l'ENSP, bravo. Soit vous continuez votre course de fond vers l'obtention du concours en débutant une préparation en classe préparatoire que je recommande (public ou privé ou en ligne). Il est essentiel d'enchaîner les épreuves blanches.

* **Janvier de l'année N+2,** vous faites votre second passage aux écrits du concours de commissaire.

* **Mars année N+2**. Les résultats des écrits tombent, soit vous continuez vers les oraux, soit vous essuyez un second échec aux écrits, ce qui est un moment clé. Il vous revient alors de prendre une décision difficile : continuer ou passer à autre chose. Je vous recommande alors d'y réfléchir à froid une fois que vous avez reçu et sous les yeux vos notes à toutes les épreuves écrites. Ce n'est pas la même chose d'échouer à 7 ou 11 de moyenne générale à la seconde tentative.

Il est évident qu'un facteur de budget rentre également en compte, ce sont des années où vous ne travaillez pas pour vos finances personnelles.

Je ne saurais que trop vous recommander de vous renseigner sur les dispositifs de classe préparatoire intégrée qui offre un choix d'excellence, je le sais personnellement, pour celui ou celle qui veut absolument le concours. Ces dispositifs sont ouverts aux étudiants boursiers. Vous êtes hébergés à l'ENSP et disposez d'un régime de classe préparatoire : cours + épreuves blanches en permanence. Aucun cadeau. Vous avez les mêmes sujets et les mêmes copies anonymisées que tous les candidats. L'égalité des moyens n'est pas l'égalité de résultat. Il est nécessaire de justifier d'un BAC +5 pour y entrer. Vous pouvez donc prétendre à l'inscription dès l'été N+1 si vous remplissez les conditions. Il y a une sélection , tout le monde n'est pas admis, il ne peut y avoir d'étudiants trop juste au niveau académique.

5) Passer plusieurs concours, un réflexe de sagesse compris et apprécié du jury.

« Est ce mal perçu par un jury s'il s'aperçoit que l'on passe plusieurs concours la même année ? ». C'est une question qui revient souvent.

Non, bien sur que non. C'est le fait de ne passer qu'un concours de ce niveau et avec si peu d'admis au final qui pourrait faire réfléchir un jury sur votre personnalité. Pas le fait d'en passer plusieurs.

Le jury est composé d'hommes et de femmes, parvenus à haut niveau de la fonction publique. N'oubliez pas qu'ils sont humainement en âge d'avoir des enfants en phase d'études. Ils en connaissent la réalité , le coût et la sélectivité.

Je vous recommande d'adopter une ligne stratégique de cohérence. Choisissez de passer des concours qui ont tous un fil rouge en commun afin de pouvoir en discuter devant le jury sereinement à l'occasion d'un grand oral.

Par exemple: passer la même année commissaire de police, officier de police voire officier de gendarmerie, OST Saint-Cyr coëtquidan, commissaire aux affaires maritimes, commissaire aux armées et l'Institut National du Service Public vous permet d'instaurer un fil rouge. La magistrature pourrait également se justifier. Il y a traditionnellement de nombreux étudiants qui passent les deux et ont un choix à faire.

Il est évidemment impensable de tous les passer. Je vous

propose une liste de concours qui peuvent apporter une cohérence de passage simultané avec celui de commissaire de police. Pour l'INSP, je fais référence au poste de Directeur de cabinet d'un Préfet, qui vous plongerait inévitablement dans l'univers de la sécurité publique au sens large. N'allez évidemment pas déclarer votre flamme pour un poste de chargé de mission au Ministère de l'Agriculture à un jury.

Le fil rouge est celui du régalien, de la sécurité au sens large, de la protection des personnes et des biens.

Vous êtes étudiant, vous n'avez pas les moyens de passer des années à tout miser sur un seul concours, vous assurez un plan B en cas d'échec au concours de commissaire. Bravo. C'est expliqué et légitime.

A l'inverse, passer inspecteur des impôts, le quai d'Orsay, voire le concours des Assemblées ne peut que vous interroger dès maintenant sur votre propre motivation et sur ce que seront demain les questions du jury d'un grand oral. Soyez honnêtes avec vous-mêmes. Faites plutôt un choix maintenant.

* **Pour les candidats qui ont déjà une activité professionnelle et qui ambitionne le concours**, je ne saurais que trop vous conseiller de persévérer jusqu'à l'obtention de celui-ci. En effet, il n'y a plus de limite de nombre de présentation permises au concours, profitez-en. Le but est d'avoir les moyens d'y aller à fond évidemment.

J'ai l'exemple de commissaires de police qui avaient une situation professionnelle stable, de bon niveau : trader, assistant, financier. Ils ont rapidement ressenti un vide et le besoin de faire autre chose. Ils ont stoppé leur activité professionnelle pour la plupart et ont obtenu le concours quelques mois après.

C'est la méthode « du couper les ponts » qui déclenche inévitablement un surcroît d'énergie et de motivation à celui qui s'y engage. Je stoppe mon activité professionnelle dans le but de préparer et d'obtenir le concours de commissaire de police. Vous prenez sur vos économies chaque mois. Vous y allez à fond sur le concours, pas besoin de vous faire davantage d'explications !

Le choix du concours

Le concours de commissaire de police vient d'être partiellement réformé par l'arrêté du Ministère de l'intérieur du 24 juillet 2023, c'est pourquoi il est nécessaire de connaître les différentes voies du concours et choisir celle qui vous convient.

Concrètement, un quota de places d'admission est fixé chaque année par décret officiel. Ce quota se répartie ensuite entre les différentes voies de concours : externe et interne.

* Le concours externe:

- Il est nécessaire d'avoir son Master 2 au moment d'intégrer l'ENSP en cas d'admission au concours.
- Il n'y a plus de limite quant au nombre de présentation au concours.
- Il faut être âgé entre 18 et 35 ans.

C'est le parcours privilégié des étudiants.

Il existe toutefois une nouvelle voie d'entrée dont il convient de connaître les modalités.

* Le concours externe – 1 er concours spécial:

- S'inscrit dans le cadre de l'égalité des chances et de la diversification du recrutement.
- S'adresse aux candidats suivant ou ayant suivi une préparation dans un des cycles de formation préparant à certaines écoles du service public, telles les classes préparatoires de l'ENA, de l'administration pénitentiaire, de l'école nationale supérieure de la police ou encore les prépas concours des IPAG. La liste est fixée par arrêté du 24 mars 2021.
- Bénéficiant ou ayant bénéficié d'une bourse d'enseignement supérieur sur critères sociaux.
- Titulaire d'un Master 02 au moment de l'entrée à l'ENSP.
- Ayant entre 18 et moins de 35 ans au 01 er janvier de l'année

du concours.

Les épreuves sont strictement les mêmes. La différence se fait au moment de l'admission, un quota de places est réservé à cette voie de concours, au même titre que le concours externe « classique » et le concours « interne ». Si vous êtes éligible à cette voie de concours, je vous suggère donc vivement de cocher la case au moment de l'inscription au concours.

* **Le concours interne**:

- Accessible aux fonctionnaires civils et militaires ou agents de l'État, des collectivités territoriales, d'un établissement public ou d'une organisation internationale intergouvernementale âgés de 44 ans au plus au 1er janvier de l'année du concours et qui justifient à cette même date de 4 ans de services publics effectifs.
- Il n'y a pas de nombre limite de présentation.
- La différence à la phase d'admissibilité s'effectue pour les deux épreuves de dissertation en droit public et droit pénal qui deviennent un « questionnaire à choix multiple ou à réponses courtes portant sur le droit administratif général et/ou les libertés publiques et/ou le droit de l'Union européenne » et « une épreuve sur un ou plusieurs cas pratiques sur le droit pénal général et/ou le droit pénal spécial et/ou la procédure pénale.

- Les épreuves diffèrent avec le concours externe et se distinguent également entre un premier et un second concours interne

Quelques chiffres utiles

Voici quelques chiffres officiels et publics sur le concours de commissaire de police tirés du rapport du jury 2022.

Pour la session 2022, le nombre total de postes offerts aux concours pour le recrutement de commissaires de police, a été fixé à 47 répartis comme suit:
- 31 postes au titre du premier concours.(concours externe)

- 4 postes au titre du premier concours spécial.(concours talents)
- 12 postes au titre du second concours (concours interne).

Les statistiques pour la voie du concours externe sont les suivantes:
- 1209 candidats inscrit.
- 549 candidats présents à l'ensemble des épreuves.
- 660 candidats absents soit 54,59 % absents.

Il est à noter que la tendance est à la hausse des inscrits. Ils étaient 907 en 2017 contre 1209 en 2022, tout en constatant une hausse régulière chaque année. Pour autant, le nombre de candidats présents n'évolue à la hausse que de manière résiduelle et erratique d'une année sur l'autre, 419 en 2017 contre 549 en 2022. Cette dernière statistique est quasiment la même depuis des dizaines d'années.

Au sujet du ratio hommes/ femmes pour la voie du concours externe:
- Inscriptions: 551 hommes pour 659 femmes.
- Admissibles: 33 hommes pour 60 femmes.
- Pré-admissibles: 32 hommes pour 55 femmes.
- Admis: 10 hommes et 21 femmes.

Pour la voie du concours externe spécial, les statistiques à retenir sont les suivantes:
- Inscriptions: 40 hommes, 59 femmes.
- Admissibles: 7 hommes, 13 femmes.
- Pré-admissibles: 7 hommes et 13 femmes.
- Admis: 2 hommes et 2 femmes.

Pour la voie du concours interne, les chiffres clés sont:
- Inscriptions: 238 hommes et 109 femmes.
- Admissibles: 20 hommes et 13 femmes.
- Pré-admissibles: 19 hommes et 11 femmes.
- Admis: 9 hommes et 3 femmes.

Au final, le taux de sélection est de 4,89% pour le concours externe et de 7,33% pour le concours interne.

En résumé, voici la répartition des admis par concours pour 2022 :

Concours externe	**31 admis** dont 10 hommes et 21 femmes
Concours externe spécial	**4 admis** dont 02 hommes et 02 femmes
Concours interne	**12 admis** dont 09 hommes et 03 femmes

TYPOLOGIE DES ÉPREUVES

Le concours de commissaire de police se compose de trois phases distinctes.

1) Une phase d'admissibilité.
2) Une phase de pré-admission, le sport et les épreuves psycho-techniques.
3) Une phase d'admission.

1) **La phase d'admissibilité** comprend le passage impératif de 5 épreuves écrites. Ces dernières à la différence d'autres concours, vous sont imposées. C'est à dire qu'il n'y a par exemple pas le choix de composer sur la procédure pénale ou l'économie.

Vous passerez ainsi successivement:
-une épreuve de culture générale, durée 5 heures, coefficient 4
-une épreuve de droit public, avec toutes ses composantes, durée 3 heures, coefficient 4
-une épreuve de droit pénal et procédure pénale, durée 3 heures, coefficient 4
-une épreuve de cas pratique à partir d'un dossier administratif, durée

4 heures, coefficient 4
- des tests psychotechniques écrits, non notés, permettant de mesurer les aptitudes intellectuelles et le profil psychologique des candidats et d'évaluer les aptitudes et un potentiel professionnel à exercer une fonction déterminée, durée 2 heures.

Les éléments à prendre en compte sont qu'il n'y a pas de gros écarts de coefficient. Il est ainsi tout à fait possible de rater une, voire deux épreuves écrites et d'être admissible à la condition d'être à au moins 14 sur les trois autres épreuves. Cela se constate chaque année.

Cela répond à la question qui est généralement posée par des étudiants issus de cursus généralistes comme les IEP sur le fait de savoir s'il est possible de prétendre obtenir les écrits sans avoir jamais fait de droit pénal et procédure pénale alors qu'il ne reste que quatre mois avant les écrits. Vous connaissez maintenant la réponse, oui.

A moins de fournir un travail personnel considérable d'ici votre sortie d'École, considérez que vous faites de facto une croix sur des prétentions de poste en Police Judiciaire. Assumez votre choix. Cette épreuve n'est pas là par hasard.

Il n'y a généralement pas d'interrogations sur les épreuves de culture générale et de droit public. Je reviendrais néanmoins sur la façon de les aborder pour ce concours dans le prochain chapitre afin que vous puissiez prendre le maximum de points sur ces deux épreuves.

L'épreuve du cas pratique fait l'objet d'un chapitre spécifique tant elle est souvent négligée, mal comprise et cause de non admissibilité.

L'épreuve du QRC est maintenue pour le concours interne. C'est souvent celle où le jury enregistre chaque année la moyenne de notes les plus basses dans son rapport public, prenez-garde! Je vous explique comment cela se passe dans le chapitre suivant.

2) La phase de pré-admission comprend la seule épreuve sportive, elle-même comprise par le passage de deux ateliers distincts au sein de la même demi-journée.

L'objectif est de s'assurer avant le passage des oraux que le candidat possède la condition physique minimale requise pour exercer le métier de policier au sens large. En effet, l'épreuve est la même pour les concours de Gardien de la Paix, Officier de Police et Commissaire de Police.

Toute note inférieure à 07 est éliminatoire. Chaque année, des candidats échouent à ce stade.

Il y a deux façons de voir les choses:

— la première est de se dire que de ne pas avoir 07 à ces deux épreuves, qui n'ont vraiment rien de difficile, et comportent des barèmes distincts féminins et masculins, est finalement l'ultime indicateur objectif que vous n'êtes pas forcément légitime à prétendre au poste. Vous êtes jeune, qu'en sera t'il de votre condition physique 20 ans plus tard?

— la seconde est de trouver glaçant de perdre un concours d'un tel niveau sur une simple épreuve sportive où vous n'avez qu'une chance. C'est pourquoi le contenu de l'épreuve et comment s'y préparer seront abordés dans le chapitre 5.

Il vous faudra un minimum gérer votre stress et ne pas perdre tout vos moyens au moment de vous élancer le jour J.

Á l'étudiant qui s'interroge sur son niveau en sport et sa capacité à réussir l'épreuve, je ne saurai que trop lui conseiller de fermer une heure le livre et d'aller souscrire à une séance d'essai gratuite auprès de la salle de sport la plus proche de son domicile et faire le bilan sur ses capacités sportives.

Soyez pragmatiques, rassurez-vous immédiatement sur cette épreuve ou ne perdez pas votre temps inutilement.

Voici les statistiques 2022 délivrées par le rapport du jury du concours de commissaire de police. Entre la phase d'admissibilité et la pré-admissibilité, 6 candidats sur 93 sont manquants pour le concours externe (5 femmes et 1 homme). Il s'agit donc de 06 candidats admissibles qui ne se sont pas présentés aux épreuves sportives le jour de leur convocation (3) ou qui ont échoué aux épreuves sportives (3).

3) La phase d'admission

La dernière marche avant l'admission va consister à passer successivement:
- l'épreuve reine du grand oral,
- l'épreuve de mise en situation individuelle, qui est à l'oral ce que la cas pratique à partir d'un dossier administratif est à l'écrit
- un entretien dans la langue étrangère choisie au moment de l'inscription
- l'épreuve de mise en situation collective, uniquement maintenue pour le second concours interne.

L'analyse des coefficients est sans équivoque: une épreuve à coefficient 2, une seconde à coefficient 6 et l'épreuve du grand oral à coefficient 9.

L'épreuve du grand oral est donc celle qui peut permettre à un candidat qui a passé de justesse la barre d'admissibilité d'obtenir le concours en remontant le classement à la faveur d'une épreuve réussie à fort coefficient.

Á l'inverse, un candidat performant qui passerait à côté de son épreuve du grand oral peut tout à fait ne pas être admis, sans même avoir la note éliminatoire de 5. Vous n'êtes pas éliminé avec un 05/20 au grand oral, vous l'êtes à partir de la note 4 et en dessous.

Il n'y a aucune épreuve d'admissibilité, de pré-admission ou d'admission qui dépasse le coefficient 06 à l'exception du grand oral qui passe à 09. Considérez bien ceci à sa juste valeur: le jury veut voir les candidats. Le jury se donne la possibilité d'écarter un candidat tout comme il dispose de la puissance du coefficient pour propulser un candidat qu'il estime pouvoir intégrer les rangs du

Corps de conception et de direction.

L'analyse de plusieurs années du concours de commissaire de police montre qu'à l'inverse d'autres grands concours de la haute fonction publique où il n'y a pas grand écart de note au grand oral entre la plus basse et la plus haute, le jury n'hésite pas à distribuer des très bonnes notes comme 18 et descendre jusque 5, à défaut d'aller encore en dessous et éliminer le candidat.

Il est donc quasi-impossible d'obtenir ce concours sans avoir au moins effectuer un oral blanc type. Cette épreuve fait l'objet d'un chapitre détaillé. Elle ne s'improvise pas. Chaque séquence se travaille. C'est d'ailleurs le prix à payer pour être confiant et à l'aise le jour J: un entraînement détaillé et rigoureux.

Au final, je vous propose de voir les choses de manière utile et prospective. Le jury a conscience qu'un candidat qui s'est préparé à cette épreuve au point d'y être à l'aise et de la réussir a déjà commencé sa formation au métier de commissaire de police où cet exercice revient très souvent.

Le jour où vous verrez votre nom sur la liste des admis effacera toutes les fatigues endurées à travailler ce concours pendant de longs mois.

CHAPITRE 3: Être admissible: objectif, se démarquer

Le premier élément à prendre en compte pour passer le cap d'une admissibilité d'un concours de la haute fonction publique est que cela n'a rien à voir avec un passage de semestre.

Faite immédiatement le deuil de cette comparaison. Elle mène à l'échec.

Je sais que beaucoup d'étudiants ont analysé le système universitaire et savent qu'à moindre effort, il est aujourd'hui possible d'obtenir son diplôme laborieusement, après rattrapages et des moyennes vraiment peu glorieuses. Ceci en faisant l'impasse sur des blocs de matière, comme l'on joue au jeu de bonnetto.

Prétendre à un tel concours avec cet état d'esprit ne vous mènera qu'à l'échec, je n'ai aucun contre-exemple à vous fournir concernant l'ENSP. Tous les gens admis ont au moins un point commun, je vous le garantis, ils n'étaient pas les derniers de liste les jours d'affichage de résultats de semestre. Soyons honnêtes.

Il n'y a pas de rattrapages à un concours. Surtout, avoir 10 de moyenne générale aux écrits ne mène jamais à une admissibilité à ce concours, voilà où je veux en venir. Visez plutôt le cap du 12.

La bonne nouvelle, c'est que qui que vous soyez au moment de la lecture de ces lignes, il est tout à fait possible de mettre en place une stratégie de travail intensif pour obtenir ce concours.

La lecture de ce livre est une première pierre à cet édifice.

Il est donc nécessaire de s'engager dans ses copies, parfois prendre des risques, afin de se démarquer. C'est le propre de la sélection. Seuls les regrets sont éternels. Et le goût de l'échec est amer et souvent pour de longues années chez ceux qui ont échoué dès les écrits avec un 11 de moyenne, persuadés d'avoir réussi et contents d'eux.

C'est le but de ce chapitre: aborder les épreuves écrites sous cet angle de se démarquer tout en ne perdant aucun point sur la forme.

Chaque épreuve écrite fait l'objet d'une double correction, par deux personnes qui ne se connaissent pas et ne se concertent pas. Par contre, ces personnes se voient imposer une grille du correcteur qui consacre généralement 5 points aux critères de forme: problématique , plan, orthographe, grammaire, propreté de la copie.

Un candidat avisé en vaut deux.

L'épreuve de culture générale

- Il s'agit d'une épreuve de 5 heures. Je recommande donc à tous les candidats qui n'ont jamais subis une telle durée d'examen au cours de leur scolarité de faire le nécessaire pour se jauger en examen blanc. C'est un atout pour les candidats issus des « prep'ENA ».

- Il est attendu un plan non apparent. C'est à dire sans titre et sous-titre soulignés. Le formalisme est ainsi réduit. Certains mettent des titres et s'en sortent sans pénalité. Je vous recommande le plan non apparent, qui est celui du canevas attendu pour ce type d'épreuve depuis des dizaines d'années en France.

- L'un des objectifs de cette épreuve de « culture générale » est que le correcteur ne puisse pas deviner, quel que soit le sujet, et à l'issue de la lecture de votre copie, votre cursus d'origine. C'est à dire qu'il n'est pas question de faire une composition qui ne traiterait du sujet que sous son angle historique, géographique, économique, géopolitique ou juridique. Le succès vient au candidat qui parvient à mobiliser des ressources « à 360 degrés » sur le sujet en provenance de différentes disciplines universitaires. Choisissez vos exemples en ayant ceci en tête. « Ce candidat vient d'un cursus universitaire d'économie », raté. « Incapable de dire le cursus de ce candidat qui traite le sujet avec des références historiques, économiques et juridiques », bravo. Cette étape se gagne dès le brouillon dans le choix de vos exemples sur votre plan détaillé.

- Il est indispensable de faire une introduction et une conclusion.

- L'introduction sera comprise entre 10 et 20 lignes maximum en fonction de votre écriture. Elle comprendra une phrase d'introduction qui vise à faire accrocher le lecteur. Je suggère la méthode de l'attaque du paradoxe.

Prenons pour exemple un sujet qui traiterait du travail.

Vous commencez par: « Il existe actuellement un paradoxe du travail. » S'il traite de la guerre : « il existe actuellement un paradoxe de la guerre. » S'il traite du sport : « il existe actuellement un paradoxe du sport. »

L'aspect essentiel est le point en fin de phrase. En effet, la plupart des candidats débutent par une citation ou une phrase longue.

Lisez les phrases à haute voix et mettez vous un instant à la place du correcteur. Il n'a qu'une envie, allez lire votre seconde phrase. Vous l'avez interpellé par votre affirmation. Vous suscitez également sa curiosité. « Quel est donc ce paradoxe ? »

Vous enchaînez par l'exposé du paradoxe tout en définissant subtilement les termes du sujet.

En reprenant notre exemple, cela donnerait:
«en effet, la valeur travail, qui se définit comme …, n'a jamais été aussi partagée avec les loisirs tout en faisant l'objet de vives contestations quant à l'allongement de sa durée ».

Le correcteur va lire votre copie avec attention, je vous le garantis.

Si vous maintenez le niveau, c'est la bonne note assurée.

Les membres du jury rompus aux corrections ont l'habitude de dire qu'ils savent à peu près la note finale dès la fin de lecture de l'introduction. Voilà votre carte de visite. Pensez-y.

Vous arrivez ensuite au traitement de l'angle du sujet choisit, puis vous posez une problématique sous forme de question, à laquelle on ne puisse absolument pas répondre par « oui » ou par « non ». je vous suggère « Par quel moyen … ?   Dans quelle mesure... ? ».

Vous annoncez ensuite le plan choisi. Ne soyez pas scolaire, ne dites pas « dans une première partie, nous verrons...puis dans une seconde partie... ». Privilégiez une phrase en « Si le travail apparaît aujourd'hui comme une valeur aussi sacralisée que partagée avec les loisirs, (I) elle n'en subit pas moins actuellement des remises en question sur son existence même avec le développement de l'intelligence artificielle, qui conduit nécessairement à son adaptation contemporaine (II).

- **Voici un canevas d'architecture générale de plan qui permet de livrer une copie vivante et traitant du sujet sur plusieurs de ses aspects**.

Vous créez un débat lors de votre première partie.

Le but n'est en aucun cas de faire une sous-partie historique et linéaire, ce qui est regrettable et pénalisé par le correcteur. Vous intégrez subtilement les éléments historiques nécessaires au traitement du sujet au sein d'un débat que vous avez créé. C'est l'exemple sur le travail que je vous cite *supra*. L'angle de traitement du sujet est alors la dichotomie actuelle entre le partage du temps quotidien entre loisirs et temps de travail, tout en constatant des acmés de violences à toute remise en question du système de sécurité sociale qui est pourtant lié à la cotisation des travailleurs. Vous intégrez les éléments historiques à l'intérieur de ce débat (35 heures, conquêtes sociales, lutte ouvrière, émancipation des femmes, organisations syndicales, co-gestion entrepreneuriale) ainsi que la tendance contemporaine de la montée d'une génération qui n'accepte pas de sacrifier ses loisirs devant le travail, etc.

La seconde partie se divise entre une première sous-partie qui vise « à faire peur » au correcteur.

Vous mettez ici ce que serait votre sujet s'il était poussé à ses extrêmes. Pour continuez sur l'exemple du travail, vous évoquez le fait du constat actuel du développement effréné et à peine régulé de l'intelligence artificielle et des robots, « demain chat GPT à la place du salarié ? Quelle place pour les rapports humains au sein de la société du travail dans un tel contexte ? »
Vous prenez deux-trois arguments avec un ou deux exemples à l'appui de chaque argument.

La seconde sous-partie vise au contraire « à rassurer » le correcteur et surtout à vous placer dans le costume d'un futur cadre de l'Administration : c'est à dire quelque un qui constate qu'il y a des problèmes et des risques, les analyses, et proposent des solutions concrètes et applicables pour y faire face.

Il va donc ici être nécessaire de choisir 2 à 3 arguments qui répondent directement aux risques énoncés dans la première sous-partie de votre seconde partie.

Pour finir avec notre fil rouge du travail, vous pouvez par exemple proposer un referendum sur le développement de l'intelligence artificielle, dont l'issue pourrait être inscrit dans la constitution. C'est l'idée de patriotisme constitutionnel de Jürgen Habermas.

Une société choisit à un moment donné les valeurs qui seront les siennes et seront inscrites au sein de sa norme suprême en fin de processus démocratique.

Vous pouvez par exemple évoquer l'éducation à l'utilisation de cette intelligence artificielle et son harmonie avec le travail humain.

Vous concluez en 10-15 lignes, sans prendre de risque, la dernière phrase peut être ouverte sur des thèmes généraux comme l'éducation.

Il va s'en dire que dans une copie de candidat au concours de commissaire de police, vous ne pouvez décemment pas remettre en question les institutions en place, ni promouvoir l'anarchie ou l'anomie.

Vous le constatez, cela n'empêche en aucun cas de s'engager sur un débat, d'en exprimer concrètement les risques et les solutions.

Ceci sans faire du « oui » puis « non ».

Voici l'exemple d'une bonne copie concours afin que vous puissiez visualiser la forme requise ainsi que le canevas de la méthode sur le fond.

Tout candidat est capable de faire cela, pour peu qu'il s'astreigne à quelques épreuves blanches dans les conditions du concours.

* Concours 2022, copie de culture générale à 14/20.

<u>La diversité est-elle une valeur universelle ?</u>

L'article 1er de la Constitution de la Vème République du 4 octobre 1958 affirme : "La République est une et indivisible". En plaçant l'indivisibilité au centre du pacte républicain, la Constitution rappelle que la République transcende les différences, dans un souci universaliste. La diversité s'impose alors comme une valeur centrale mais dépassée par la communauté nationale.

La diversité pourrait être rapprochée de la notion de différence ou de celle de pluralité et s'applique à toutes les échelles, à la fois concernant les différentes espèces sur Terre, les différents systèmes politiques, juridiques, normatifs. Par définition, la diversité représente ainsi un fait social consubstanciel à notre existence, dans toutes ses dimensions. Il n'est en effet pas possible d'imaginer un monde sans différences. La question est ici de savoir si, au delà d'être un fait social, la diversité peut être considérée comme une valeur universelle, à savoir une norme partagée et acceptée par tous de la même manière, induisant des implications similaires pour garantir et faire perdurer cette dernière.

La diversité semble représenter une valeur universelle, promue et défendue en démocratie, dans l'intérêt de tous et dans la continuité de l'esprit des lumières. Néanmoins, celle-ci doit toujours s'insérer aux côtés des valeurs républicaines et va induire certaines obligations. La diversité de croyances relève par exemple de la sphère privée, même si la liberté de conscience est garantie par la République. La diversité constitue une valeur centrale en matière culturelle ou de débat public, permettant l'ouverture d'esprit des citoyens.

..1./.9.

Toutefois, si la diversité s'impose à l'Homme par nature, elle n'a pas toujours été acceptée et a parfois pu être refoulée par certains régimes ou certains groupes sociaux à travers l'Histoire. Celle-ci a pu être rejetée voire combattue. Aujourd'hui encore, la diversité occupe une place ambivalente, dans la mesure où elle est majoritairement acceptée mais fait face à des enjeux nouveaux, notamment d'égalité ou d'intégration. En ce sens, considérer la diversité comme une valeur universelle pose immanquablement des enjeux pratiques dans nos sociétés contemporaines, quand celle-ci est rejetée ou se double de fortes inégalités, et peut être mise à mal par l'individualisme ou les fractures (sociales, économiques, géographiques, culturelles) qui la composent.

Ainsi, peut-on qualifier la diversité de valeur universelle ? Si oui, quelles en sont les implications et comment continuer de garantir le vivre-ensemble face aux nouveaux enjeux qu'elle traverse dans notre société contemporaine ?

Si la diversité s'impose par nature comme une valeur universelle, réaffirmée par le pacte républicain, celle-ci a pu être mise à mal voire instrumentalisée (I) les enjeux nouveaux entourant la diversité justifient mettent en avant la nécessité de continuer à la considérer comme une valeur universelle, afin de permettre la pérennité du lien social (II).

I) <u>Si la diversité s'impose par nature comme une valeur universelle, l'Homme ne l'a pas toujours reconnue comme telle</u>

La diversité s'impose comme une valeur universelle, induisant des enjeux particuliers (A). Pourtant, celle-ci n'a pas toujours été considérée comme telle (B).

A - La diversité s'impose comme une valeur universelle, réaffirmée *et encadrée* par le pacte républicain

      Par nature, la diversité est consubstancielle à l'existence humaine. Chaque être humain est différent d'un point de vue génétique, aucun ADN n'est similaire. La diversité représente alors une donnée individuelle transcendante. Cela se duplique à toutes les échelles, la diversité compose tous les niveaux de l'existence : collective, nationale, religieuse... De plus, face à la Nature, l'Homme se voit confronté à la diversité, réduit en tant qu'espèce parmi d'autres, toutes aussi diversifiées les unes que les autres, tout en pouvant parfois montrer des ressemblances. L'Homme a dû peu à peu apprendre à composer avec la diversité. La progressive sortie de l'état de nature accompagnée par la mise en place de l'État a ainsi permis de réunir les hommes au sein de communautés politiques et d'instaurer les règles de vie en société. C'est notamment ce qu'a théorisé Hobbes dans <u>Le Léviathan</u> (1651).

      Si la diversité s'impose donc par nature comme une valeur universelle, partagée par tous de façon inévitable, celle-ci a été réellement affirmée comme telle à travers le pacte républicain. En abolissant les privilèges et en supprimant tout corps intermédiaire, la Révolution française œuvre véritablement à l'idéal d'égalitarisme, et avec lui d'universalisme. L'article 6 de la Déclaration des Droits de l'Homme et du citoyen (DDHC) de 1789 affirme ainsi : "[La loi] doit être la même pour tous, soit qu'elle protège soit qu'elle punisse". La conception française de la nation, développée en particulier par Ernest Renan dans une conférence de 1882 intitulée "<u>Qu'est-ce qu'une nation</u>" s'inscrit précisément dans cet objectif : la nation est pensée comme une communauté d'égaux, partageant des valeurs, une langue et une histoire communes. La citoyenneté et l'adhésion à la communauté nationale prend alors le pas sur la diversité. Tous les hommes peuvent alors faire partie de la communauté s'ils partagent ces valeurs communes imposées par le pacte républicain. La diversité est alors englobée par la République, mais toujours acceptée de façon universelle, les citoyens, peu importe leur origine, leur couleur de peau ou leur condition sociale sont traités de façon égalitaire. Cela pose un enjeu à la République qui doit alors s'assurer que l'égalitarisme est toujours respecté et adapté à la diversité. La République est "une et indivisible" comme stipulé dans l'article 1er de la

.3./9..

Constitution de la Vème République, mais accueille les différences. Pour garantir le lien social et l'égalité, des ajustements ont pu être nécessaires, par exemple pour tendre davantage vers l'équité, comme l'instauration de quotas ou de mécanismes de discrimination positive. De plus, la ~~dev~~ République assure la "liberté de conscience et respecte toutes les croyances" (article 2 de la Constitution), mais dissocie nettement sphère publique et sphère privée en la matière. Certains aspects de la diversité, ici la diversité religieuse, se voient donc relayés à la sphère privée.

Par ailleurs, il convient d'ajouter que dans notre monde mondialisé, la diversité représente un vécu de plus en plus partagé et peut alors aussi être analysée comme une valeur universelle à cet égard. Les échanges s'accélérant de façon exponentielle depuis la deuxième moitié du XXème siècle et encore davantage avec la révolution des nouvelles technologies de l'information et de la communication (NTIC), les êtres humains sont de plus en plus confrontés à la diversité. Le monde étant désormais multipolaire, les individus sont face à des réalités culturelles, juridiques multiples. La diversité est alors encore plus visible et partagée. Les réseaux sociaux représentent notamment cette porte d'entrée à la diversité du monde dans son ensemble, en temps réel.

Ainsi, si la diversité s'impose par essence à l'Homme, ~~ce dernier~~ et a pu être affirmée comme une valeur universelle par le pacte républicain, cette dernière présente toutefois des ambivalences. L'Homme n'a pas toujours considéré la diversité comme une valeur à défendre, et a pu la mettre à mal.

B. La diversité n'a cependant pas toujours tenu cette place de valeur universelle

La diversité n'a pas toujours représenté une valeur universelle. Celle-ci a pu être mise à mal, maîtrisée voire instrumentalisée.

La diversité a tout d'abord justifié des inégalités à travers l'Histoire. ~~S~~ Cette dernière était le moyen de justification de différentes théories, permettant à certains individus ou groupes sociaux de prendre l'ascendant sur d'autres. L'esclavage a par exemple prospéré sur la base de théories basées sur les différences entre races, l'indi-

.4./.3..

vidu blanc étant analysé comme supérieur de par ses attributs. Les théories raciales ont justement utilisé l'argument de la diversité pour fonder leur domination. Les différences étaient alors analysées dans un sens particulier et une hiérarchie était mise en place. De tels arguments ont été renouvelés et réutilisés par les régimes autoritaires, et notamment les totalitarismes de l'entre-deux guerres. La diversité ethnique et politique s'y voit particulièrement combattue. Le régime nazisme lutte ainsi contre tout opposant au régime par une politique de la terreur, tous les citoyens devant adhérer à l'idéologie nazie. De plus, le nazisme fonde son idéologie sur des critères raciaux, souhaitant le développement unique de la race aryenne à terme et désignant un ennemi à combattre : les Juifs. Les personnes handicapées et les homosexuels sont également placés dans des camps de concentration. Les régimes totalitaires, par ce fonctionnement reposant en particulier sur la désignation d'ennemis dans la société et la promotion d'un modèle unique de citoyen lutte contre toute diversité. Les différences entre individus sont alors gommées et la pluralité de croyances et d'opinions annihilée. Cela est visible de façon exacerbée dans le roman 1984 de G. Orwell, qui dépeint une société autoritaire uniformisée, où aucune diversité n'est tolérée.

Cette tendance à la maîtrise voire à la lutte contre la diversité est encore visible à l'époque contemporaine, avec les régimes populistes. Ces derniers, à l'instar du gouvernement de Viktor Horban en Hongrie, souhaitent l'avènement de démocraties dites "illibérales". Les partis populistes s'opposent à l'immigration et érigent aussi l'étranger en ennemi pointé du doigt. Leurs derniers scores aux élections européennes illustrent leur progression rapide (26% pour le parti du peuple danois et pour le Front national). A cet égard, dans son ouvrage En terrain miné, Alain Finkielkraut déclare : "Le charme de la radicalité agit avec une puissance inentamée comme

S./9..

s'il n'y avait pas eu de XX siècle". A l'époque contemporaine, la diversité peut ainsi être refoulée, d'autant plus à l'ère de "l'hyper individualisme" où l'individu a tendance à se replier sur soi ou sa communauté et à éprouver parfois de la défiance envers l'autre. Un sondage de l'institut IFOP de 2020 révèle ainsi que seuls 22% des français pourraient faire confiance à "la majorité des citoyens", ce qui vient illustrer ce constat.

Confrontée à ses enjeux pratiques, la diversité peut se voir menacée à l'époque contemporaine, ce qui nécessite pour l'État de toujours la réaffirmer pour garantir le vivre ensemble et la pérennité du pacte républicain.

II) Les enjeux nouveaux entourant la diversité impliquent pour l'État de toujours la réaffirmer comme une valeur centrale du pacte républicain

La diversité est confrontée à des enjeux nouveaux qui peuvent menacer sa place dans notre société contemporaine (A). Cela impose à l'État de toujours réussir à la replacer comme une valeur centrale, et de la défendre sans cesse, dans l'intérêt de la pérennité du lien social (B).

A. La diversité en tant que valeur universelle est aujourd'hui mise à mal par l'exacerbation des inégalités et des fractures qui composent la société

La diversité se voit confrontée à des enjeux nouveaux qui viennent directement mettre à mal l'universalisme qui la caractérise. En effet, la diversité peut aujourd'hui être analysée comme un facteur d'inégalités. L'égalitarisme souhaité par les Lumières ne qualifie plus la société dans son ensemble. Des fractures peuvent être mises en exergue, et analysées, dans une certaine mesure, comme le résultat de situations différentes. Christophe Guilluy met pour sa part en avant une fracture géographique, liée à la mondialisation. Dans son ouvrage *La France périphérique*, il montre les inégalités selon les territoires intégrés ou non à la mondialisation, | 6../.9. |

en fonction de leur emplacement géographique. Les campagnes et les banlieues de certaines villes sont alors exclues du phénomène d'enrichissement par la mondialisation. Au niveau social, une grande diversité entre les revenus est aujourd'hui la source d'inégalités exacerbées. Marcel Gauchet a mis en lumière cette idée de fracture sociale dans son ouvrage Le désenchantement du monde (1995). Avec ces séparatismes territoriaux, sociaux, voire aussi communautaristes, il apparaît alors de plus en plus difficile de "faire société" dans la diversité. Le sociologue avait déjà théorisé ces inégalités liées à la grande disparité entre les capitaux culturels des individus, liés à la diversité de leurs origines et classes sociales, comme l'a montré Pierre Bourdieu. Ainsi, la diversité peut se révéler être un facteur explicatif des inégalités. Il est alors difficile de continuer à "construire des régimes d'expérience collective" selon Pierre Rosanvallon.

Le vivre ensemble se voit donc menacé par la multiplication des inégalités. La diversité pouvant parfois expliquer ces phénomènes, celle-ci peut être mise à mal et pointée du doigt. Elle peut aussi faire l'objet de politiques adaptées de la part de l'État, ciblant les aspects devant bénéficier d'aides particulières. Toutefois, si d'un côté la diversité est alors de plus en plus visible par les inégalités et les fractures à l'œuvre dans la société, celle-ci est parfois, d'un autre côté, gommée voire uniformisée. En effet, dans un contexte de mondialisation et de "sur-consommation", les pratiques des individus tendent à converger et à se ressembler de plus en plus, en termes de mode, de consommation alimentaire, de sorties, d'habitudes. Les phénomènes de mode réduisent la diversité et posent alors des enjeux nouveaux à celle-ci. Les personnes exclues peuvent au contraire alors la ressentir davantage.

La diversité est alors toujours dans cette posture ambivalente, parfois menacée, objet d'inégalités, voulant être gommée. Toutefois, certains mouvements se détachent aujourd'hui de ces aspects négatifs et viennent revendiquer la diversité. Les identités sont réaffirmées par les différentes communautés, qui mettent en valeur leur singularité et font connaître leurs habitudes propres. Si le pacte républicain essaie alors d'uniformiser la diversité à travers la communauté nationale, certains individus la font alors prévaloir dans le cadre démocratique, ce qui vient poser des enjeux nouveaux. Les idéaux d'égalitarisme et de tolérance doivent alors sans cesse être renouvelés et réaffirmés.

7./9.

B - Réaffirmer la diversité en tant que valeur universelle, pour garantir le vivre-ensemble, dans le cadre de la République

Face à ses limites, excès ou menaces, la diversité doit sans cesse être défendue par la puissance publique, tout en garantissant le respect du cadre républicain. Le respect de la diversité va de pair avec la pérennité du lien social et du vivre ensemble.

La diversité doit être vue comme une richesse à préserver et indispensable pour l'avenir de la société. L'Homme a semble tout d'abord avoir pris acte de la nécessité de préserver la nature dans toute sa diversité. Cela est visible par de nombreux actes pris ces dernières années, dont l'Accord de Paris et les objectifs mis en place à cet égard. La loi du 24 décembre 2020 a quant à elle créé le délit de mise en danger de l'environnement. De plus, la diversité de la société doit être perçue comme une force nécessaire pour la culture individuelle et l'enrichissement réciproque entre les individus. A ce titre, des actions comme le service civique permettent ce maintien de liens entre les différentes classes sociales et individus d'origines diverses. Le rapport de Claude Bartolone de 2015 intitulé "Libérer l'engagement des Français et refonder le lien civique" met en avant cette utilité sociale du service civique et propose de l'encourager, notamment par la mise en place d'un stage bénévole obligatoire en classe de seconde. La volonté du Président Macron de mettre en place un service national universel allait également dans ce sens, avant d'être mis à l'arrêt à cause du contexte sanitaire.

L'école a également un rôle à jouer dans l'apprentissage de la diversité et de l'ouverture d'esprit. Cela permet la tolérance et la pérennité du vivre ensemble. Les échanges universitaires tiennent aussi un rôle de premier plan dans cette perspective, comme en témoigne la réussite du dispositif Erasmus, franc succès à l'échelle européenne. L'Etat a aussi un rôle à jouer dans la défense de la diversité et sa promotion. En ce sens, des pratiques comme celle de la discrimination positive permettent de diversifier des recrutements particuliers. Le Conseil constitutionnel a validé de telles pratiques. L'école Sciences Po a par exemple mis en place des voies de recrutement particulières pour favoriser le recrutement d'élèves défavorisés et accueillir plus de diversité. En matière

..8./..9.

41

culturelle enfin, l'État demeure le levier d'actions ciblées pour valoriser la diversité culturelle, dans toutes ses dimensions. L'élargissement du "pass culture" aux élèves de plus de 15 ans, contre 18 ans auparavant s'inscrit dans cette perspective. La culture reste aussi le lieu de l'apprentissage de la diversité. Enfin, la diversité gagnerait à être valorisée par la promotion de parcours différents, d'individus socialement diversifiés, par la puissance publique. L'apprentissage et la promotion de la diversité se fait de multiples manières. Celles-ci doivent toujours respecter cependant les limites du cadre républicain.

Défendue, promue et mise en avant, la diversité s'impose bien comme une valeur universelle. Celle-ci doit savoir être encadrée et soutenue quand cela est nécessaire, pour être vue de façon positive, et surtout utile, pour le vivre ensemble. Les mouvements tendant à lutter contre la diversité au sens large doivent aussi faire l'attention particulière, dans l'intérêt d'une société unie   l'objet d'une

2/2

Les dissertations de droit public, droit pénal et procédure pénale

Ce sont les épreuves qui se rapprochent le plus du canevas universitaire de dissertation, lorsque les étudiants passent les examens de fin de semestre.

La durée est de 3 heures, le coefficient est de 4.

Une copie de dissertation sur l'une de ces matières vaut autant que la copie de culture générale ou le cas pratique à partir d'un dossier administratif.

- **DROIT PUBLIC**

    — Attention, l'épreuve couvre un programme très large, c'est le premier point à bien avoir à l'esprit. Il est nécessaire de maîtriser le « *droit administratif général, les libertés publiques et le droit de l'Union européenne.* »

Avantage indéniable aux candidats issus des cursus juridiques publicistes ou administratifs des IEP.

La conséquence est qu'un sujet comme « le service public » ne se traite pas de la même façon en fin de semestre en Licence de droit qu'au concours de commissaire. En université, vous vous concentreriez logiquement sur le service public en droit public général. Or, au concours, puisque le programme embrasse le droit public au sens large, vous ne pouvez en aucun cas restreindre votre réponse au seul droit public général.

Le candidat va donc judicieusement traiter le sujet sous l'angle de chacun des blocs du programme qui traite du service public: en droit public général, en droit des collectivités territoriales et au niveau du droit public européen. Évidemment, vous n'avez que trois heures et 5-6 pages à remplir. Ainsi, cela ne fera l'objet que de sous-partie de 15-20 lignes maximum. Il n'est pas attendu d'aller dans le détail à l'occasion de cette épreuve, vous ne pouvez pas, au risque de ne pas finir votre copie.

Sur la forme, il est attendu un plan apparent, c'est à dire que les titres des parties et sous-parties sont écrits et soulignés. I) puis I) A) puis I) B) puis II) puis II) A) puis II) B).

L'introduction sera de 10-15 lignes, avec définition des termes du sujet, enjeux du sujet, problématique sous forme de question (toujours faire en sorte que l'on ne puisse pas répondre par oui ou par non à celle-ci) puis vous annoncer votre plan, de la même façon que pour la copie de culture générale. Vous pouvez d'ailleurs reprendre la technique du paradoxe pour votre phase d'attaque. « Il existe un paradoxe du service public en France. »

Vous concluez par un résumé de votre copie en 10 lignes.

Le tout fait entre 5 – 6 pages de concours, une page étant entendu d'un simple recto. Ne tombez pas dans le piège du candidat qui croit que la note s'élève à la mesure du nombre de pages écrites, ce n'est jamais le cas.

Il fait toujours bon effet à l'occasion de cette épreuve de souligner les jurisprudences employées. Par exemple, vous utilisez l'arrêt *Benjamin* du Conseil d'État sur la conciliation du droit de réunion et de l'ordre public, vous le mentionnez ainsi en fin de phrase, entre parenthèses et souligné: (CE, 1933,Benjamin).

Il est déconseillé de procéder par une phrase comme « Par sa jurisprudence Benjamin de 1933, le Conseil d'État souligne que.... ». Vous développez l'argument et mentionnez en fin de phrase entre parenthèses son origine. Cela démontre une capacité d'analyse supérieure du candidat, qui est à même de s'approprier l'argumentation au service de sa propre dissertation. La copie est plus fluide au finale, plus rythmée et personnalisée.

Le style juridique est à proscrire lors de cette épreuve. A tous les amoureux de longues phrases inspirées par des heures de lecture et d'apprentissage de la doctrine juridique à l'université, il est impératif de revenir à la simplicité de l'expression écrite en sujet, verbe, complément. Il en va d'une excellente note à laquelle vous pouvez tout à fait prétendre en travaillant cette épreuve.

Soyez stratège. Que vous connaissiez le sujet ou moins bien, pensez que le correcteur se voit imposer une grille de correction. Rapidement, le jour J, interrogez vous devant votre copie de brouillon sur le fait de savoir « quels sont les éléments de réponse que le correcteur va avoir sur sa grille pour un tel sujet ? » Par exemple, sur le service public, la mention du SPA, du SPIC, du SIEG, article 72 de la constitution du 04 octobre 1958, puis les jurisprudences majeures qui traitent du sujet. Voilà les éléments impératifs à caser dans vos sous-parties lors de la rédaction.

Si le sujet s'y prête, une convention informelle fait état de la nécessité de mentionner 10 références minimum sur le sujet (textes, articles constitution, code, jurisprudence).

* **Exemple d'une copie réussie de droit public, concours 2022,**

<u>Le pass sanitaire n'est-il pas contraire à la liberté d'aller et venir ?</u>

"Les non-vaccinés, j'ai très envie de les emmerder et on va le faire jusqu'au bout, c'est ça la stratégie" déclarait le Président de la République Emmanuel Macron en janvier 2022 à propos de l'instauration du pass vaccinal. Faisant suite au pass sanitaire, le pass vaccinal a relancé les débats relatifs aux atteintes portées par le dispositif à la liberté d'aller et venir.

Le pass sanitaire, devenu pass vaccinal en janvier dernier, est un pass dématérialisé permettant l'accès aux lieux publics et activités sportives, sociales et culturelles à la condition d'avoir un schéma vaccinal complet. Le pass sanitaire permettait également de présenter un test PCR négatif mais cela a été supprimé par le pass vaccinal, qui vient d'entrer en vigueur. Proposé par le gouvernement et voté par le Parlement, le pass vise à endiguer l'épidémie liée à la Covid-19 en limitant les contagions dans l'espace public. Sans rendre la vaccination obligatoire, il l'encourage fortement en le conditionnant à l'exercice de la liberté d'aller et venir, de façon temporaire.

La liberté d'aller et venir s'impose comme une liberté fondamentale pendant longtemps rattachée à la liberté individuelle par le Conseil constitutionnel. Elle a notamment été consacrée par les décisions <s>CE, 1987</s>, <u>Peltier</u> de 1987 du Conseil d'État et une décision du <u>12 juillet 1977</u> du Conseil constitutionnel. Elle inclut la liberté de circuler à l'intérieur du territoire mais aussi de pouvoir en sortir et d'y revenir.

Le pass sanitaire s'affirme comme un dispositif nouveau ⟨.1./.8.⟩

instauré dans un contexte d'urgence sanitaire, afin de lutter contre la crise épidémique liée à la Covid 19. A ce titre, il justifie des restrictions aux droits et libertés pour des motifs d'ordre public, et notamment des restrictions à la liberté d'aller et venir, afin de mettre un coup d'arrêt à la propagation du virus. Il s'inscrit dans la continuité de l'état d'urgence sanitaire, état d'exception créé et déclaré en mars 2020 et prorogé à plusieurs reprises depuis. Ce dernier avait déjà permis des restrictions substantielles à la liberté d'aller et venir, à l'instar des confinements successifs ou des interdictions de rassemblements et de manifestations.

Toutefois, s'il permet des restrictions fortes à la liberté d'aller et venir, le pass sanitaire ne saurait être considéré contraire à cette dernière, à condition de ne pas être pérennisé et de toujours prendre place dans le contexte d'urgence qui le justifie. Le pass sanitaire, de la même manière que les états d'urgence, doit toujours s'inscrire dans le cadre démocratique de l'Etat de droit. Les mesures d'urgence sanitaire doivent pouvoir faire l'objet d'un contrôle du juge qui doit pouvoir vérifier leur proportionnalité. Le pass sanitaire n'est pas contraire à la liberté d'aller et venir tant qu'il est strictement encadré.

Ainsi, la question se pose de savoir dans quelle mesure l'urgence sanitaire, ici à travers le dispositif du pass sanitaire, permet des restrictions à la liberté d'aller et venir, et jusqu'où peut-on considérer qu'il n'est pas contraire à cette dernière.

Si le pass sanitaire impose de fortes restrictions et conditionne la liberté d'aller et venir dans un contexte d'urgence (I), il doit rester encadré et temporaire pour ne pas être contraire à celle-ci (II).

I) Le pass sanitaire, un dispositif permettant des restrictions à la liberté d'aller et venir dans un contexte d'urgence

~~Si~~ Le pass sanitaire permet des atteintes à la liberté d'aller et venir (A), dans un contexte justifié par l'urgence sanitaire et ~~justifiant~~ des mesures exceptionnelles (B)
                                                                  nécessitant

   A. Un dispositif permettant des restrictions à la liberté d'aller et venir

Le pass sanitaire, instauré en 2021, conditionne la liberté d'aller et venir à la présentation d'un schéma vaccinal complet.

La liberté d'aller et venir, consacrée au plus haut niveau de la hiérarchie des normes (CC, 12 juillet 1977) connait de fortes restrictions. Ainsi, le pass sanitaire permet l'accès aux lieux publics et culturels comme les restaurants, les musées, les théâtres, le cinéma mais aussi aux activités sportives ou culturelles dans leur ensemble. Sans pass sanitaire, l'accès est interdit, ce qui constitue une atteinte substancielle à la liberté fondamentale ~~que ce~~ qu'est la liberté d'aller et venir. Celle-ci a longtemps été considérée comme le corollaire de la liberté individuelle au sens strict (article 66 de la Constitution) mais le Conseil constitutionnel l'en a dissociée en 2004. A cet égard, la liberté d'aller et venir est également consacrée en droit européen (CEDH, 2006, Noor c. Royaume-Uni), ce qui lui donne valeur conventionnelle, outre sa valeur constitutionnelle. Elle inclut la liberté de circulation à l'intérieur du territoire mais aussi la liberté d'y entrer et d'en sortir, pour tous les nationaux. Ce sont ces deux aspects qui sont restreints par le pass sanitaire. La liberté de circuler sur le territoire est restreinte et celle d'en sortir est également bien souvent conditionnée à la preuve de la vaccination. De nombreuses activités et autres libertés peuvent connaitre des restrictions en cascade.

Posant de fortes restrictions à la liberté d'aller et venir, le pass sanitaire peut également porter atteinte à d'autres libertés qui en découlent, comme la liberté de réunion par exemple. Par ailleurs, l'application du pass sanitaire et sa mise en œuvre se doublent d'un volet répressif. Le pass sanitaire est individuel et nomina- |.3./.8..

tif et ne peut être utilisé que par son détenteur, sous peine de fraude qui sera réprimée. Il est pour ce faire apparu nécessaire de créer de nouvelles infractions spécialement conçues pour le pass sanitaire, tout comme l'usage de faux pass, des trafics s'étant créés ces derniers temps en la matière. S'il permet de telles restrictions à la liberté d'aller et venir, ~~dont~~ le pass sanitaire se justifie par le contexte d'urgence sanitaire dans lequel il s'inscrit.

B- Un dispositif justifié par l'urgence sanitaire

Le pass sanitaire s'inscrit dans un contexte spécifique, celui de l'urgence sanitaire, qui justifie des atteintes aux libertés au nom de la menace pour l'ordre public posée par la pandémie.

En effet, le pass sanitaire vise à lutter contre une menace spécifique, la crise sanitaire, et qui impose des mesures exceptionnelles. Il s'inscrit ainsi dans le prolongement de l'état d'urgence sanitaire, état d'exception conçu pour lutter contre l'épidémie liée à la Covid 19. Instauré par un décret du 16 mars 2020 et prolongé par la loi du 23 mars 2020, l'état d'urgence sanitaire permet de nombreuses restrictions à la liberté d'aller et venir, renforçant les pouvoirs du Premier ministre et du ministre de la Santé mais également des préfets. Il permet des confinements locaux ou nationaux de la population, comme celui instauré entre mars et mai 2020 puis à l'automne de la même année, l'interdiction des rassemblements et la mise en place de jauges pour certains évènements, des réquisitions de produits particuliers (à l'instar des masques ou du gel hydro-alcoolique par exemple) ou la fixation de prix au niveau national sur certains produits considérés de première nécessité dans le contexte de la crise.

Ainsi, le dispositif mis en place par le pass sanitaire a été créé en pleine continuité de cet état d'urgence sanitaire, une fois que celui-ci a pris fin, après avoir été prolongé à plusieurs reprises. Il s'affirme lui aussi comme une mesure exceptionnelle, justifiée par une situation grave et urgente mais dans une dimension moindre qu'au printemps 2020. Dans cette optique, le pass sanitaire se veut aussi comme une mesure transitoire vers la sortie de crise. Il permet aux personnes vaccinées de retrouver 4./.3.

...ne partie de leurs libertés et restreint considérablement les déplacements de ceux qui ne le sont pas, considérés plus à risque. Dans perspective, il se veut dissuasif et tente d'être convaincant pour les non vaccinés, étant donnée la restriction à la liberté d'aller et venir posée. Le pass sanitaire illustre l'exorbitance de la puissance publique en cas d'urgence.

Toutefois, le contexte d'urgence sanitaire dans lequel s'inscrit le pass sanitaire doit toujours faire l'objet d'un contrôle du juge administratif pour s'assurer que la restriction à la liberté d'aller et venir n'est pas disproportionnée et le pass ne saurait être pérennisé sans être à terme considéré contraire à cette dernière.

II) <u>Le pass sanitaire, un dispositif devant rester encadré et temporaire pour ne pas être considéré contraire à la liberté d'aller et venir</u>

Le pass sanitaire, et le contexte dans lequel il s'inscrit, doit toujours pouvoir faire l'objet d'un contrôle adapté du juge (A) et ne pourrait être pérennisé (B).

A - <u>Un dispositif encadré et contrôlé</u>

Même s'il est justifié par un contexte d'urgence, le pass sanitaire doit pouvoir faire l'objet d'un contrôle et d'un encadrement particuliers.

L'urgence sanitaire et les dispositions en découlant sont contrôlées par le juge administratif, devenu un véritable juge de l'urgence mais surtout dans l'urgence avec la réforme des référés du 30 juin 2000, qui permet de faire des recours en référé liberté en cas d'atteinte

.5./.8.

grave et manifestement illégale à une liberté fondamentale (le caractère de liberté fondamentale ayant été précisé par le juge administratif), de référé suspension en cas de doute sérieux sur la légalité d'un acte ou de référé "mesures-utiles". A ce titre, la liberté d'aller et venir, en tant que liberté fondamentale, peut faire l'objet de référés libertés. Le juge administratif a été saisi à de nombreuses reprises dans le cadre de l'état d'urgence sanitaire, venant contrôler les mesures prises et leur proportionnalité, permettant alors leur pleine insertion dans le cadre de l'État de droit. Ainsi, le juge administratif a statué sur des demandes plus strictes de confinement (CE, 22 mars 2020, Syndicat jeunes médecins), sur la distribution gratuite de masques pour certaines professions exposées (CE, 2020, Ordre des avocats du Barreau de Paris), sur l'interdiction de fréquentation des lieux de culte (CE 2020, Association Civitas et autres), sur la demande de réouverture des marchés en extérieur (CE 2020 Fédération nationale des marchés) ou encore sur la demande de précisions sur les limites de déplacements en vélo (CE 2020 Association française des usagers de la bicyclette). A plusieurs reprises, la liberté d'aller et venir a été invoquée en référé et le caractère proportionnel de ses restrictions a été apprécié par le juge. Même analyse a été menée pour le pass sanitaire.

 Dans cette continuité, le pass sanitaire a lui aussi fait l'objet d'un contrôle du juge, et notamment constitutionnel, en amont de sa mise en œuvre définitive, ce qui assure son insertion dans le cadre démocratique. De ce fait, il apparaît alors difficile d'affirmer que ce dernier est contraire à la liberté d'aller et venir. Le juge administratif pourra toujours être saisi tant qu'il sera en application, et des nouveaux recours fondés sur la liberté d'aller et venir ne sont pas à exclure. Néanmoins, le pass sanitaire pourrait in fine s'avérer contraire à la liberté d'aller et venir s'il devenait devenait pérennisé. Son caractère temporaire doit ainsi toujours être encadré.

B - Un dispositif qui ne saurait être pérennisé

Créé pour répondre à l'urgence de la crise sanitaire, le pass sanitaire est un dispositif temporaire. Les restrictions portées à la liberté d'aller et venir ne pourraient être justifiées en dehors de ce cadre si elles étaient pérennisées, sans être considérées contraires à la liberté d'aller et venir et devenant alors inconstitutionnelles.

Tout comme les états d'exception, le pass sanitaire reste une mesure exceptionnelle qui est par nature temporaire. Pour cette raison, il permet des atteintes à la liberté d'aller et venir. L'enjeu de sa pérennisation se pose avec acuité. Il représenterait alors une forte atteinte aux libertés sur le long terme, non justifiée par l'urgence. Le pass sanitaire doit continuer de faire l'objet d'un encadrement précis et d'être circonscrit dans sa portée et dans sa durée. Les juges, nationaux comme européens, permettront toujours d'évaluer ce caractère proportionné et l'atteinte portée au nom de l'ordre public. La même question se posait pour l'État d'urgence terroriste, prorogé à six reprises entre le 13 novembre 2015 et le 30 octobre 2017, avant que certaines de ses mesures, notamment attentatoires à la liberté d'aller et venir comme les mesures individuelles de contrôle administratif et de surveillance soient transposées en droit commun par la loi "SILT" sur la sécurité intérieure et la lutte contre le terrorisme, elle-même prolongée par la loi du 30 juillet 2021. A cet égard, le Conseil d'État a consacré son rapport annuel 2021 aux états d'exception, dans le contexte de l'état d'urgence sanitaire. Le juge administratif suprême met en avant la nécessité de mieux encadrer ces derniers, afin de lutter contre leur pérennisation, qui nuit à l'État de droit. Il propose notamment d'inscrire le cadre de ces états d'exception de façon plus appropriée et détaillée dans la Constitution.

En conservant un caractère temporaire et circonscrit, le pass sanitaire ne saurait être déclaré contraire à la liberté d'aller et venir dans le cadre de l'urgence sanitaire. Si celui-ci devenait pérennisé, la question de son insertion dans l'État de droit et vis-à-vis du respect de la liberté d'aller et venir se reposerait avec acuité. Comme affirmé dès 1917 par le commissaire du gouvernement Corneille dans l'arrêt Baldy du Conseil d'État, "la liberté doit demeurer la règle, la restriction de .7./.8.

police l'exception°.

.8../.8..

* DROIT PÉNAL ET PROCÉDURE PÉNALE

Il s'agit exactement de la même chose que l'épreuve de droit public à l'exception de ces quelques points.

Il n'est pas attendu de conclusion à cette dissertation, il en va de la tradition académique en droit pénal/ procédure pénale. Ne choquez pas un probable correcteur issu des rangs de la magistrature.

Ne faites pas l'impasse sur la moitié du programme, la tendance est à l'établissement de sujets qui couvrent tout le programme.

Notez bien que le droit pénal spécial ne figure pas au concours.

Le droit pénal est depuis des années l'épreuve écrite où je constate le moins d'écart sur le panel de notes. Cela est peut être dû à la difficulté de trouver des sujets « clivants » qui pourraient réellement mettre mal en point de nombreux candidats.

Les sujets permettent moins l'originalité qu'en droit public par exemple, notamment au stade du plan, ce qui n'amène que peu d'excellentes notes.

* Exemple d'une copie du concours 2022 à 15/20:

La garde à vue est-elle restrictive de droits ?

Dans un arrêt du 29 mars 2010, la Cour Européenne des Droits de l'Homme (ci-après "CEDH") condamne la France pour avoir présenté des personnes mises en cause et placées en garde à vue trop tardivement au Procureur de la République (l'arrestation ayant eu lieu en haute mer) et remet en cause l'appartenance de ce dernier à l'autorité judiciaire. Ainsi, la garde à vue fait l'objet d'un contrôle étroit du juge européen.

Comme énoncé à l'article 62-2 du Code de procédure pénale (CPP), la garde à vue est une mesure de contrainte décidée par un officier de police judiciaire, par laquelle une personne à l'encontre de laquelle il existe une ou plusieurs raisons plausibles de soupçonner qu'elle a commis ou tenté de commettre un crime ou un délit puni d'une peine d'emprisonnement est maintenue à la disposition des enquêteurs, sous le contrôle de l'autorité judiciaire. L'expression "restrictive de droits" implique quant à elle que la mesure de garde à vue porte une atteinte manifeste aux droits et libertés constitutionnellement garantis.

Tout d'abord, la mesure de garde à vue s'impose comme une mesure restrictive de droits, au service de la nécessaire sauvegarde de l'ordre public, objectif à valeur constitutionnelle. Elle doit ainsi constituer l'unique moyen de parvenir aux objectifs énoncés à l'article 62-2 CPP, comme la sauvegarde des preuves ou indices, ou le nécessaire recueil de l'aveu par la tension morale qu'elle génère. Ainsi, la garde à vue permet la recherche de la preuve et l'efficacité des investigations, mais vise aussi à empêcher un éventuel nouveau trouble à l'ordre public. Pour ce faire, la garde à vue est restrictive de droits. En matière de

.1./.8..

procédure pénale dérogatoire, cette restriction peut être plus forte : la durée de la garde à vue peut être prolongée jusqu'à 96 heures en matière de délinquance ou de criminalité organisée, et jusqu'à 144 heures dans le cadre d'une suspicion d'action terroriste imminente. De plus, l'entretien de la personne mise en cause avec son avocat peut être reporté, ainsi que l'accès au dossier de la procédure limité. La garde à vue peut donc s'avérer fortement restrictive de droits, qu'il s'agisse du droit à la sûreté (art 5-3 CESDH), du droit à un procès équitable (art. 6-1 CESDH), du droit à la dignité ou encore des droits de la défense (art 6-3 CESDH et article 16 DDHC).

  Toutefois, si la garde à vue s'avère restrictive de droits, ces derniers se sont vus substantiellement renforcés ces dernières années, afin que la mesure ne porte pas une atteinte disproportionnée aux droits et libertés. Le régime de la garde à vue a été réformé au fil des évolutions législatives et jurisprudentielles récentes, sous l'influence des autorités nationales et européennes. Dans un arrêt du 14 octobre 2010, <u>Brusco c. France</u>, la CEDH condamne la France pour le défaut de présence de l'avocat tout au long de la mesure de garde à vue, deux ans après l'arrêt <u>Salduz c. Turquie</u> du 27 novembre 2008, et pour le défaut de garantie de l'accès au dossier de la procédure. La loi du 14 avril 2011 prend acte de cette condamnation et réforme le régime de la mesure de garde à vue. Par ailleurs, au nom de l'article 3 CESDH, tout traitement inhumain ou dégradant est prohibé lors de la garde à vue, et la CEDH a pu réitérer à plusieurs reprises que toute violence physique ou morale était interdite. Le statut du ministère public, dans son rôle de contrôle de la mesure de garde à vue jusqu'à 48 heures, a pu également faire l'objet de débats, dans l'intérêt des personnes mises en cause. Peu à peu, les droits des personnes mises en cause ont été progressivement renforcés, ce qui a pu venir interroger la pérennité de l'efficacité de la procédure pénale.

  Ainsi, la question se pose de savoir dans quelle mesure la garde à vue s'impose comme une mesure restrictive de droits et comment ces derniers ont été renforcés au profit de la personne mise en

.2./..8.

cause, au point de potentiellement mettre en péril l'efficacité de la procédure pénale.

Si la garde à vue s'affirme comme une mesure circonscrite mais restrictive de droits, nécessaire à la sauvegarde de l'ordre public (I), son régime a été peu à peu renforcé pour qu'elle ne soit pas trop attentatoire aux droits et libertés (II).

I) La garde à vue, une mesure circonscrite mais restrictive de droits, nécessaire à la sauvegarde de l'ordre public

Nécessaire à la sauvegarde de l'ordre public et donc restrictive de droits (B), la garde à vue est une mesure circonscrite dans sa détermination initiale et dans sa durée (A).

A - Une mesure circonscrite dans sa détermination initiale et dans sa durée

La garde à vue est mesure privative de liberté avant jugement dont le domaine est régi par l'article 62-2 CPP.

Concernant sa détermination, la garde à vue est décidée par un officier de police judiciaire, sous le contrôle de l'autorité judiciaire. Ce dernier est le seul personnage de la procédure pénale qui peut décider d'un tel placement. La garde à vue ne peut être décidée qu'à l'encontre d'une personne qui a commis ou qui est soupçonnée d'avoir commis ou tenté de commettre une infraction, consistant en un crime ou un délit puni d'une peine d'emprisonnement. Ainsi, la restriction de droits induite par la mesure de garde à vue est subordonnée à un critère de gravité suffisante. Par ailleurs, elle doit représenter l'unique moyen de parvenir à l'un des objectifs énumérés à l'article 62-2 CPP, ce qui fait d'elle une mesure restrictive de droits circonscrite. L'OPJ devra à cet égard dresser procès verbal de ces raisons "plausibles", avec des éléments circonstanciés, sous peine de nullité de la mesure.

Concernant sa durée, la mesure de garde à vue est également restrictive de droits dans un temps limité. En droit commun, la garde à vue dure 24 heures, pouvant être prolongée une fois par le 3.1.8.

Procureur de la République qui peut donc porter la durée à 48 heures. Depuis la loi du 23 mars 2019, la personne n'est plus forcément présentée devant lui à l'occasion d'une prolongation, mais ce dernier peut demander qu'elle le soit. Toutefois, dans tous les cas, lors du placement en garde à vue d'un individu, l'information au Procureur de la République doit être quasi-immédiate, faute de quoi un retard dans l'information au Procureur fera nécessairement grief à l'intéressé (Crim, 10 mai 2001). En matière dérogatoire, la garde à vue peut être prolongée au delà de 48 heures, sur autorisation du juge des libertés et de la détention. Elle peut aussi être portée à 96 heures en matière de délinquance ou de criminalité organisée (loi du 9 mars 2004, loi du 6 décembre 2013 en matière de délinquance économique et financière), et jusqu'à 144 heures en matière terroriste si une action terroriste est imminente. Pendant ce délai, la personne mise en cause se tient donc à disposition des enquêteurs, pour les nécessités de l'investigation et ses droits sont substantiellement restreints.

B - Une mesure restrictive de droits à la finalité probatoire et préventive

La mesure de garde à vue s'impose comme une mesure restrictive de droits dans une finalité à la fois probatoire et préventive.

Indispensable à la sauvegarde de l'ordre public, objectif à valeur constitutionnelle, la garde à vue poursuit tout d'abord une finalité préventive. Elle empêche ~~tout d'abord~~ une potentielle réitération d'infractions suite à la commission ou la suspicion de commission d'une infraction pénale, trouble effectif à l'ordre public. La garde à vue permet également d'empêcher que la personne ne se concerte avec d'autres auteurs ou complices qui pourraient aussi troubler l'ordre public à nouveau. Elle vise ainsi à agir en amont d'une éventuelle nouvelle infraction. La personne mise en cause fait alors l'objet d'une privation de liberté temporaire, avant de potentielles suites données par l'autorité judiciaire.

La mesure de garde à vue poursuit aussi, et surtout, une finalité probatoire. Par la tension morale qu'elle institue, la garde à vue par visée au recueil de l'aveu de la personne mise en cause. Toute restriction de droits est alors tournée vers le recueil de l'aveu. En matière dérogatoire, l'entretien de la personne mise en cause avec son

4/1/8

avocat peut être reporté, afin de ne pas compromettre l'aveu. La garde à vue vise aussi à cet égard à empêcher une concertation entre auteurs et complices, qui pourrait compromettre la preuve, mais aussi à ce que la personne en cause ne puisse modifier les preuves ou indices matériels. La garde à vue représente alors souvent un des premiers actes d'enquête, déterminant de la suite donnée à la procédure. Cette finalité probatoire justifie alors que la garde à vue soit restrictive de droits, que ce soient les droits de la défense (article 16 DDHC et article 6-3 CESDH) dans certaines de ses composantes, le droit à la sûreté (article 5-3 CESDH) ou encore le droit à un procès équitable (article 6-1 CESDH).

Si la mesure de garde à vue nécessite la restriction des droits de la personne mise en cause pour la sauvegarde de l'ordre public, celle-ci ne saurait être trop attentatoire aux droits et libertés. Sous l'influence des autorités européennes et nationale, le régime de la garde à vue a été substantiellement renforcé, du point de vue des droits et des libertés.

II) Le renforcement des droits relatif à la garde à vue

Les restrictions portées aux droits de la personne mise en cause par la mesure de garde à vue ont été ~~imposées par les~~ encadrées par les évolutions législatives et jurisprudentielle récentes, qui ont toutes œuvré au renforcement des droits des mis en cause.

A - Un encadrement par le droit européen ~~les autorités européennes~~

Le droit européen, sous l'impulsion de la CEDH, a œuvré tout d'abord au renforcement des droits des mis en cause dans

5/8

le cadre d'une mesure de garde à vue.

Sur le fondement de l'article 3 de la CESDH, le juge européen est venu prohiber toute violence physique pendant la garde à vue, comme en a témoigné la condamnation de la France dans l'arrêt Selmouni c. France en 1999. La CEDH est allée plus loin dans l'affaire Gäfgen c. Allemagne du 1er février 2010, interdisant le recours à la violence morale durant la garde à vue, ce qui peut venir compromettre la finalité de cette mesure et en particulier le recueil de l'aveu par les enquêteurs. La CEDH a également remis en cause, à maintes reprises, le rôle joué par le Procureur de la République dans le contrôle et la prolongation de la garde à vue, et son appartenance à l'autorité judiciaire. Dans l'arrêt Medvedyev c. France du 29 mars 2010, réitéré par les arrêts Moulin, Vassis et Ali Samatar, la Cour juge que le ministère public, en tant qu'autorité de poursuite dépendant de l'exécutif, n'est pas un membre de l'autorité judiciaire, ce qui vient compromettre la régularité de la mesure de garde à vue, au nom du procès équitable, inscrit à l'article 6-1 de la Convention. Dans une QPC du 30 juillet 2010, le Conseil constitutionnel énonce quant à lui que le ministère public appartient bien à l'autorité judiciaire et que ce dernier est aussi apte à contrôler les 48 premières heures de garde à vue. La question n'est toutefois pas encore tranchée pour la CEDH qui pourrait à nouveau remettre en cause la régularité de la mesure.

Par ailleurs, la CEDH est venue plusieurs fois encadrer les droits de la défense dans le cadre de la garde à vue et renforcer ces derniers. Dans l'affaire Salduz c. Turquie du 27 novembre 2008, la Cour condamne la Turquie pour le défaut de présence de l'avocat lors de la mesure de garde à vue, du défaut d'information de ses droits à la personne mise en cause en début de garde à vue, ainsi que pour le défaut d'information du droit de garder le silence. Deux ans plus tard, dans l'arrêt Brusco, la France est condamnée pour les mêmes raisons. Cela a mené à la réforme du régime de la garde à vue par la loi du 14 avril 2011, qui renforce /6../18../

substantiellement les droits de la défense des personnes mises en cause. Cela a aussi mené la Cour de cassation à reconnaitre l'autorité absolue de la chose interprétée par la CEDH dans quatre arrêts du 15 avril 2011, prononçant alors la nullité des mesures de garde à vue effectuées dans ces cas hors condamnées, quand bien même celles-ci avaient été conduites conformément au droit en vigueur. Les droits des mis en cause se voient également de plus en plus renforcés par les autorités nationales.

B - Un encadrement par les autorités nationales

Juges et législateur ont œuvré à l'encadrement du régime de la mesure de garde à vue ces dernières années, renforçant les droits des individus mis en cause.

Tout d'abord, notamment sous l'influence européenne, le législateur a réformé la mesure de garde à vue, renforçant les garanties des droits et libertés. La loi du 14 avril 2011, dans la lignée de la QPC du 30 juillet 2010, apporte de nouvelles garanties : la personne mise en cause doit être informée dès le début de la mesure des faits qui justifient sa privation de liberté, et de ses droits, dans une langue qu'elle comprend. Sous peine de nullité, cette information doit être immédiate. Elle permet aussi l'accès au dossier de la procédure par l'avocat, certaines pièces pouvant être restreintes d'accès, notamment en matière dérogatoire. De plus, l'avocat est désormais présent à chaque audition de la personne suspecte, et celle-ci peut s'entretenir avec lui pendant trente minutes au début de la garde à vue. Il est également notifié à la personne mise en cause qu'elle a le droit de garder le silence. Les droits de la défense ont donc été substantiellement renforcés. Il convient de noter également que tout report de la présence de l'avocat est conditionné à l'accord du juge.

La mesure de garde à vue fait l'objet d'un encadrement particulier au bénéfice des droits des mis en cause. La chambre de l'instruction est compétente pour vérifier le respect des conditions énoncées à l'article 62-2 CPP. De plus, la garde à vue peut faire l'objet de nullités, qui pourra à cet égard annuler les actes subséquents si ces actes ont pour support la mesure annulée. Cela s'est notamment illustré dans un arrêt de la chambre criminelle du 26 mars 2008. Il est par ailleurs

7./8.

admis de longue date en jurisprudence, et inscrit à l'article préliminaire du code de procédure pénale, que l'aveu recueilli hors la présence de l'avocat est inécérable, ce qui peut parfois compromettre le recueil de ce dernier. La recherche de la preuve ne peut pas non plus faire l'objet de vices ou de stratagèmes en garde à vue. Dans un arrêt du 6 mars 2015, la chambre criminelle déclare la sonorisation de cellules contiguës de locaux de garde à vue contraire au principe de loyauté de la preuve, quand bien même ils sont effectués selon les prévisions légales.

Enfin, les autorités administratives peuvent œuvrer à la défense et au renforcement des droits en garde à vue. Le Contrôleur général des lieux de privation de liberté contrôle régulièrement les locaux de garde à vue et vérifient leur conformité. Dans son dernier rapport relatif aux mesures mises en place pendant le confinement, il a notamment souligné le manque de mesures d'hygiène à l'égard des gardés à vue, étant donné le contexte d'épidémie. Le Défenseur des Droits tient également un rôle important en ce sens, permettant toujours que la mesure de garde à vue, restrictive de droits, soit encadrée et proportionnée.

.8./.8..

L'épreuve de QRC/QCM

Elle concerne les candidats aux deux concours internes depuis la réforme du 24 juillet 2023. La méthodologie est générale et s'applique par conséquent sur tous les sujets.

Cette épreuve est celle des grandes désillusions puisque je constate chaque année à quel point il est facile d'avoir une très mauvaise note.

Voilà pourquoi il m'apparaît fondamental de bien saisir ce qui est attendu du candidat et comment elle est corrigée surtout.

1) **Cette épreuve nécessite une réelle préparation**

Contrairement à ce que font de nombreux candidats, je vous recommande d'effectuer une préparation « passive » pour cette « épreuve ».

Regardons le programme: *« le droit administratif général et/ou les libertés publiques et/ou le droit de l'Union européenne. »* *« Les acquis professionnels du candidat »* pour le second concours interne.

Le programme est le même que celui de la dissertation de trois heures du concours externe. Je vous recommande donc de préparer cette épreuve à coefficient 4 de la même manière.

2) **La gestion de l'épreuve**

Vous ne pouvez en aucun cas faire de brouillon à l'occasion de cette épreuve, c'est aussi inutile qu'un piège.

De nombreux candidats m'ont fait le compte rendu de regrets amers quant au fait de n'avoir pas eu le temps de finir l'épreuve.

Deux heures, quatre questions, c'est trop court pour préparer quoi que ce soit. Vous avez 30 minutes par question.

Il n'est par ailleurs pas attendu de plan dans la rédaction de vos réponses. Je souhaite vous en convaincre définitivement.

Voici une copie du concours 2021 sur l'épreuve QRC du concours externe qui a obtenu 14/20, ce qui est une excellente note à cette épreuve. Y a t'il un plan ? Absolument pas. Oubliez donc toute idée de plan. Ne perdez pas d'énergie avec une telle idée. Le concours est assez compliqué pour le complexifier là où il n'est pas attendu de le faire.

Composez dans l'ordre des questions le plus favorable pour vous. Vous n'êtes pas obligé de répondre dans l'ordre des questions. Vous commencez par celle que vous maîtrisez le plus, puis la seconde et la dernière. C'est bon pour la confiance, la gestion du temps et surtout vous prenez les points au fur et à mesure.

3) Connaître la méthode de notation pour prendre des points

Dans cette épreuve plus que toute autre, il est nécessaire de savoir comment vous allez être évalué par le jury dès maintenant.
Il n'y a évidemment aucune appréciation générale sur une telle épreuve. Il n'y a pas de plan attendu. Vous n'avez par ailleurs pas le temps de faire valoir vos capacités d'argumentation et d'analyse. Ce n'est pas le but.

Il est attendu des connaissances précises. Voilà le critère de votre note à cette épreuve.

Prenons le sujet sur « le défenseur des droits ». Le correcteur aura sous les yeux une grille avec un certain nombres d'éléments objectifs et factuels attendus en réponse. Vous indiquez l'élément sur votre copie, vous marquez le quota de points afférent, vous ne le marquez pas sur votre copie, vous n'avez pas le point.

Je souhaite imprimer cela clairement à votre esprit au moyen d'une copie de concours, qui à l'inverse de la précédente, n'a pas obtenu la moyenne, en dépit de développements pourtant étoffés et non dénués de connaissances.

Vous le voyez, le problème de cette copie, par rapport à la

précédente qui obtient 14, est qu'il y a beaucoup moins d'éléments objectifs et factuels attendus par le jury. Le candidat a davantage traité le sujet sous la forme de réflexion, d'analyse et d'argumentation, ce qui n'est pas utile et ne permet pas de prendre des points.

Dit autrement, la rédaction dans cette épreuve n'est rien d'autre qu'un moyen pour présenter vos éléments factuels et objectifs que vous avez en connaissance sur le sujet demandé. Pas d'introduction, ni de plan ni de conclusion qui ne comprendraient pas l'un de ces éléments, vous ne prendriez pas de point, vous venez de le voir.

Vous connaissez maintenant ce que beaucoup ne connaîtront jamais.
À vous de jouer et de mettre ceci en valeur par un travail de révisions ciblé et cohérent.

Je ne saurai que trop vous rappeler à bon escient que la propreté, l'orthographe et la grammaire comprennent jusqu'à 5 points sur chaque épreuve écrite. C'est imposé au correcteur.

Être admissible: objectif, se démarquer

* Exemple d'une bonne copie de QRC, concours 2021, 14/20

Question 1

L'opération sentinelle a été créée en 2015 à la suite des attentats du Bataclan pour compléter de manière opérationnelle la posture de vigilance, prévention et protection initiée par le plan vigipirate. L'opération sentinelle est menée sur l'ensemble du territoire métropolitain par des militaires (de carrière mais également réservistes) afin de renforcer la protection des lieux accueillant du public tels que les gares ou aéroports mais également les lieux de culte ou encore les bâtiments publics des institutions. Cette opération regroupe actuellement 10 000 militaires, force à laquelle s'ajoute également 3000 militaires prêts à l'emploi en cas d'atteinte grave commise par un acte terroriste sur le territoire. L'opération sentinelle permet donc une protection renforcée des lieux à risque afin de prévenir une attaque terroriste. Les forces militaires ne disposent cependant d'aucun pouvoirs de police, et relèvent de l'autorité d'un officier supérieur, ce dernier coopérant avec les acteurs déconcentrés que sont les préfets de département mais également les autorités décentralisées que sont les maires. Le dispositif mis en place par l'opération sentinelle est donc permanent depuis 2015 et peut être renforcé en cas d'attaque ou de risque d'agression terroriste, le cas actuellement depuis l'assassinat du professeur Samuel Paty.

L'opération sentinelle s'inscrit donc comme un complément de plan vigipirate qui concerne quant à lui l'ensemble de la société civile et les administrations publiques à travers des mesures de contrôle, de surveillance et d'information. L'opération sentinelle quant à elle possède avant tout un rôle de dissuasion et permet une intervention rapide des militaires en cas d'attaque. Pour ce faire, ces derniers disposent de l'article L435-1 du Code de la sécurité intérieure permettant de recourir à l'usage de l'arme à feu en cas de péril imminent. Ces militaires permettent également de recueillir des informations lors de leurs patrouille à travers la présence rassurante qu'ils véhiculent à l'égard de la population. Ce dispositif n'a pas vocation à durer mais semble

1.1.4.

désormais devenir permanent en l'absence d'une diminution de la menace terroriste d'où l'intérêt actuel par l'armée de terre de recourir davantage aux réservistes pour effectuer ces missions qui ont lieu exclusivement sur le sol national.

Question 2

Le Conseil supérieur de l'audiovisuel a été créé en 1986 par la loi portant sur la liberté de communication. Il s'agit d'une autorité administrative indépendante qui dispose de surcroît de la personnalité morale, ce que rappelle la loi du 21 janvier 2017 relative au statut des AAI. Son président est nommé par décret du Président de la République par une période de 6 ans. Le Conseil supérieur de l'audiovisuel (CSA) est une autorité indépendante chargée d'assurer la régulation du secteur de l'audiovisuel, à travers l'encadrement des acteurs (médias, chaines de télévisions et leurs émissions). Sa création répond à la privatisation du secteur audiovisuel dans les années 1980 et doit permettre de faire réguler un secteur dont l'État constitue un acteur.
Le CSA dispose pour ce faire d'un pouvoir réglementaire limité par la loi (Décision du Conseil Constitutionnel de 1989 relative à la liberté de communication) mais aussi un pouvoir de sanctions individuelles lui permettant de protéger les libertés fondamentales auxquelles les acteurs de l'audiovisuel nuiraient. Le CSA dispose en conséquence d'une séparation entre les autorités de poursuites et les autorités de jugement pour délivrer des sanctions dans le respect de l'article 6 de la CESDH (Convention Européenne de Sauvegarde des droits de l'Homme de 1950) relatif au procès équitable.
Certaines sanctions du CSA peuvent donner lieu à la censure de certains programmes télévisés en raison notamment d'atteintes à la vie privée, à la liberté de religion ou manifestant des discriminations, le cas notamment en 2018 à travers les avertissements adressés à la chaîne C8 (relevant de Canal+) pour l'émission « Touche pas à mon poste ».
Les sanctions adressées par le CSA peuvent également être des amendes et sont contestables devant le Conseil d'État en 1° et dernier ressort. Le juge

administratif exerce un recours de plein contentieux à l'égard de ces sanctions. Le CSA a donc vocation à protéger les libertés à l'inverse d'autres autorités de régulation, chargées d'assurer la libre concurrence sur un secteur économique.

Enfin, le CSA réalise également des évaluations du secteur de l'audiovisuel et crée des obligations à l'égard des acteurs pour promouvoir le respect des libertés fondamentales à travers notamment l'édiction d'une charte de déontologie. Cette autorité se trouve toutefois concurrencée désormais par le CNIL en raison de l'influence croissante de numérique sur la société et au détriment du secteur audiovisuel. Cependant, il est possible d'affirmer que ces deux autorités administratives se complètent par la protection des libertés plus qu'elles ne se concurrencent.

Question 3

L'accord de Paris sur le climat a eu lieu au cours de la Conférence des parties (Cop 21) en 2015, menée dans le cadre du processus de consultation annuelle conçue en 1992 par la Déclaration de Rio où les états, sous l'égide de l'Organisation des nations Unies, ont reconnu la nécessité de lutter contre le réchauffement climatique. L'accord de Paris est une avancée majeure dans cette lutte à travers les objectifs qu'il fixe. En effet, celui-ci limite le réchauffement climatique à 2°C par 2100 et entend atteindre 1,5°C en cas d'importante diminution des émissions de gaz à effet de serre par les états. Cet accord prévoit également d'octroyer annuellement 100 milliards de dollars aux états subissant le réchauffement climatique. Cette somme doit être versée par les pays les plus développés mais n'atteint actuellement que 80 milliards de dollars. Cet accord, ratifié par 193 états, pose le principe d'un accroissement progressif des obligations environnementales des états à travers sa révision tous les cinq ans.

Cependant si cet accord constitue une avancée majeure, celui-ci possède une faiblesse structurelle marquée par l'absence de sanctions en cas de non respect des objectifs et obligations fixés. Il se différencie dès lors du protocole de Kyoto, ratifié en 1998 par les membres du G20 et entré en vigueur en 2006, qui prévoyait quant à lui des sanctions économiques en cas de non respect.

En 2015, l'accord de Paris prévoyait de réduire de 30% par rapport à 1990 les émissions de gaz à effet de serre par 2030. Les Etats unis, retirés de l'accord en 2017 par Donald Trump ont effectué leur retour en janvier

3.1.4.

2021. Toutefois, la réunion relative à l'évolution de l'application de cet accord en novembre 2020 a dénoncé l'absence d'effectivité des mesures engagées. Les émissions de gaz à effet de serre continuent de s'accroître tout comme le volume de dioxyde de carbone présent dans l'air. C'est pourquoi certains états entendent désormais renforcer leurs obligations, le cas notamment de l'Union Européenne à travers la promotion de Green Deal par la Commission Européenne, qui vise à atteindre la neutralité carbone par 2040. La Chine quant à elle a récemment annoncé pouvoir tenir cet objectif par 2060 même s'il ne s'agit que d'une déclaration sans portée exécutoire.

En conséquence, si l'accord de Paris représente une véritable avancée par les objectifs assignés aux états et le nombre d'états partis, l'absence de sanction en cas de non respect de ces obligations nuit considérablement à l'effectivité de cet accord qui traduit avant tout une déclaration symbolique et une prise de conscience à l'échelle mondiale du réchauffement climatique.

.4..1.4.

* **Exemple d'une copie d'épreuve QRC non maîtrisée: peu d'éléments factuel et précis = peu de points. Concours 2016, note de 7,72/20**

La Francophonie, enjeux et organisation.

La Francophonie se définit comme la communauté d'États dont les pratiques intègrent et valorisent non seulement l'usage de la langue française, mais également certaines pratiques culturelles françaises, dans le champ littéraire et artistique par exemple. La Francophonie est explicitement mentionnée aux articles 86 et 87 de la Constitution française.

Elle s'appuie sur une organisation internationale spécifique, l'Organisation internationale de la Francophonie (OIF), chargée d'animer les actions en faveur de la Francophonie. Les États, qui y accèdent selon divers statuts (membre à part entière ou non) après soumission de leur candidature regroupent aussi bien des pays où le français est traditionnellement bien implanté (l'Afrique francophone, avec le Sénégal par exemple) que des pays dont les liens avec la France sont moins anciens (le Royaume de Bahreïn a présenté sa candidature en 2012). Au sein de cette OI s'exerce le principe d'égalité entre les États membres à part entière. Elle est aujourd'hui présidée par Michelle Jean, citoyenne canadienne.

Outil diplomatique d'influence, il rappelle l'influence passée de la langue française (langue de la diplomatie au XIXe) et se fait aujourd'hui le relais de l'influence culturelle de la France (au même titre que les alliances françaises qui constituent un outil alternatif).

Europol

Europol est une structure européenne [...] de coopération policière instituée entre les États membres de l'Union européenne, dans le cadre de l'espace européen de liberté, de sécurité et de justice.

Ayant pour but le partage d'information et la coopération judiciaire, elle requiert des États membres et rend possible le placement d'officiers de liaison. Ses missions recouvrent l'échange de renseignements et la coopération policière sur des opérations spécifiques. Elle participe également à l'exécution des mandats européens (de recherche et d'arrêt). Europol procède à la fois de la voie administrative et diplomatique.

Ceci permet d'apprécier les contradictions auxquelles Europol est confrontée. Le domaine policier et judiciaire, bien que communautarisé par Lisbonne, demeure le lieu favorable à l'exercice de la souveraineté, frein puissant à la coopération européenne. Dans la période récente, Europol est le révélateur de carences européennes en matière de coopération policière. Les infractions terroristes, comme la criminalité transfrontalière, mettent en effet en jeu les insuffisances associées au partage de l'information et à l'enrichissement mutuel des administrations policières. Les échanges demeurent en effet largement bilatéraux.

Europol s'inscrit dans la dynamique de création d'instances multilatérales de coopération policière telles qu'Interpol, phénomène que l'on retrouve dans le domaine de la justice avec Eurojust, qui présente un fonctionnement plus abouti.

L'impôt : qui en décide ? À quoi sert-il ? Et qu'est-ce que le principe d'égalité fiscale ?

L'impôt est, en France, régi par les articles 13 (nécessité d'une contribution publique et principe d'égalité des citoyens devant les charges publiques), 14 (fixation du taux, de l'assiette et des modalités de l'impôt par le peuple ou ses représentants) et 15 (reddition des comptes) de la Déclaration des droits de l'Homme et du citoyen.

Il en découle logiquement que le Parlement vote les lois de finances (art. 47C) et de financement de la sécurité sociale (art 47-1 C). Les collectivités territoriales ne disposent pas du pouvoir de créer un impôt (CC, 2009). L'impôt peut être progressif ou proportionnel, réel ou analytique, direct ou indirect.

Ses fonctions, qui peuvent se contredire, sont la fonction budgétaire (lever une ressource pour financer une politique), incitative (à un certain type de comportement par des mesures favorables ou défavorables), de transfert (égalisation des niveaux de richesse).

Égalité n'est pas équité. Elle implique que chacun contribue à raison de ses facultés (art 13 DDHC). C'est ce qui justifie l'impôt progressif. L'égalité de l'impôt en France justifie des différences de traitement fondées sur des situations objectivement différentes (CE 1974, Denoyez et Chorques).

L'Espace Schengen.

Il est un espace où le contrôle aux frontières a été supprimé du fait d'un accord pris d'une Convention (1985, 1990). Le contrôle est supprimé sur les personnes, marchandises, capitaux.

Il justifie la non restriction de la liberté d'aller et venir. Cependant, Schengen comporte ses propres dérogations. S'il implique un régime de visa unifié, des règles spécifiques continuent de s'appliquer selon les accords ultérieurs de Dublin I, II et III.

Plus récemment, les problématiques de terrorisme et de criminalité transfrontière fragilisent ce système. Elles impliquent qu'il soit justifié de rétablir, ne serait-ce que ponctuellement, le contrôle aux frontières.

Schengen aménageait ses propres dérogations, il est désormais clairement mis sous tension par les problématiques migratoires et la dimension de souveraineté qui s'y applique, là où il avait par le passé conduit au maintien de régimes dérogatoires à l'aide (art 53-1 Constitution).

Il implique enfin une distinction entre étrangers hors-UE et intra-UE qui s'applique désormais plus difficilement.

La commission nationale de contrôle des techniques de renseignement.

Instaurée par la loi relative au renseignement du 24 juillet 2015, la CNCTR est une autorité administrative indépendante (qui décide dans à ce jour juridique particulier). Elle succède à la commission nationale de contrôle des interceptions de sécurité.

À l'image de cette dernière, elle est placée sous l'autorité du Premier ministre. Ses missions consistent à valider ex-ante les opérations d'écoute ou de placement sous surveillance par les services de renseignement.

Un contrôle juridictionnel (administratif, car il s'agit du Conseil d'État) est ouvert par les particuliers s'estimant placés sous surveillance sans justification, ce qui permet en outre de valider son modèle de fonctionnement.

La CNCTR subit plusieurs critiques tenant à sa composition, à son placement dans la dépendance du Premier ministre (qui peut outrepasser ses avis, ce qui remet en question son statut d'autorité), à la possibilité de valider les procédures a posteriori. Par ailleurs, il n'y a pas de contrôle judiciaire sur cette autorité ce qui la fragilise au plan du droit de la Convention européenne des droits de l'Homme.

Cette écriture de la loi du 10 juillet 1991 illustre le compromis recherché entre la protection des droits fondamentaux et libertés individuelles (notamment droits personnels, droit et protection de la vie privée) et sauvegarde de l'ordre public, qui bénéficient à part égale de protections institutionnelles et conventionnelles.

CHAPITRE 4: Réussir l'épreuve écrite de cas pratique à partir d'un dossier administratif: la méthode secrète pour prendre des points

Une épreuve piège dont il convient de comprendre ce qui est attendu par le correcteur

Cette épreuve est apparue à la faveur de la réforme du concours en 2015, elle remplace la note de synthèse.

C'est une épreuve clé, si ce n'est l'épreuve que j'estime décisive et sélective au stade des écrits. Que vous compreniez ce qui est attendu par les correcteurs et vous êtes susceptible de prendre beaucoup de points.

L'épreuve à le même coefficient que la culture générale : coefficient 4 !

La bonne nouvelle, c'est qu'il n'y a pas de programme de révision pour cette épreuve, il s'agit d'un cas pratique.

La mauvaise nouvelle, c'est qu'elle constitue le piège par excellence à ce stade des écrits.

Vous n'imaginez quand même pas que vous allez obtenir votre ticket d'admissibilité à un tel concours en vous contentant d'attendre le jour J pour cette épreuve de cas pratique, découvrir le sujet d'une trentaine de pages et effectuer tant bien que mal une synthèse de tout cela au moyen des seuls documents fournis dans le dossier.

C'est le choix qui est fait par de nombreux candidats, à tort.

Ils font le choix tactique de concentrer leurs révisions sur la culture générale, le droit pénal et la procédure pénale ainsi que le droit public, à tort.

N'oubliez pas qu'il s'agit d'être admissible à l'un des concours les plus sélectifs de la haute fonction publique française.
Ce n'est pas un passage de semestre en université ou Grande École. Il faut au dessus de 11, voire 12 pour avoir le droit de se présenter aux oraux.

Toi, futur commissaire de police, motivé, déterminé et qui prétend se donner les moyens de ses ambitions ne peut donc pas faire l'impasse sur cette épreuve, c'est interdit.

Les modalités de l'épreuve

- Sur le contenu du sujet

Á partir d'un thème, le sujet présenté aux candidats sera souvent présenté de la manière suivante:

1) votre positionnement au sein du sujet

L'épreuve visant à vous mettre dans une situation proche de la réalité à laquelle vous êtes susceptible d'être confronté, votre positionnement est en premier lieu précisé.

« Vous êtes chef d'une Circonscription de Sécurité Publique, adjoint d'un chef de service, etc... », avec des éléments contextuels précisant la nature du service, son activité etc.

2) problématique à laquelle la mesure envisagée doit répondre

La mise en situation de départ, la première page du sujet, est sans équivoque.

Il s'agira soit d'un contexte de:

-constat d'une insuffisance de résultats suite à:
- une analyse que vous êtes censée avoir réalisée suite à une prise de service, (vous êtes en position de commissaire de police, rappelez-vous)
- une analyse faite par le directeur départemental (votre supérieur hiérarchique)
- la réception de doléances émanant d'autorités (préfet, élus), ou de justiciables

- changement intervenant dans un cadre plus large de réorganisation,

- volonté d'homogénéisation des modes de travail d'unités de même nature au sein d'un département,

- évolution de la doctrine d'emploi de la direction centrale.

3) l'origine de la mesure

L'énoncé vous indiquera sans équivoque à nouveau l'origine de la mesure:

- ce peut être l'idée d'un nouveau chef de service,
- la proposition émanant de la hiérarchie intermédiaire du service,
- une demande du directeur départemental,
- une instruction de la direction centrale.

4) le contenu de la mesure

Il s'agit de savoir en quoi consiste le changement envisagé. Ce qui va changer par rapport à l'existant.

5) les éléments de scénario: problématiques en lien direct avec la mesure

- il peut s'agir d'éléments présentant des difficultés personnelles de fonctionnaire (familiales, santé, autres),

impliquant par exemple une incompatibilité avec de nouveaux horaires,
- éventuellement des éléments de tension entre des fonctionnaires de l'unité concernée, qui pourraient être exacerbés en cas de changement du mode de fonctionnement.

Être commissaire de police sans jamais l'avoir été: comment faire?

Il est bon de le répéter car c'est ici que beaucoup de candidats passent à côté de cette épreuve : ce n'est pas une note de synthèse. Vous n'avez aucune chance d'avoir la moyenne si vous vous contentez d'une synthèse. Laissez cet écueil et ce résultat aux candidats non préparés.

Comment faire une fiche technique administrative de propositions en tant que commissaire de police alors que nous ne sommes pas encore commissaire de police ?

Bravo, voilà le piège identifié et pourquoi c'est une épreuve clé et qui peut rapporter beaucoup de points au candidat qui est préparé.

- **Au niveau mental:**

Autant se dire les choses, il y a bien une part de schizophrénie dans cette épreuve: agir en tant que commissaire alors que vous êtes des étudiants qui n'avez jamais porté, en toute logique, l'uniforme de commissaire de police.

Pour les candidats que l'on appelle « les faux externes », à savoir des fonctionnaires de police d'un corps subalterne ou d'autres administrations qui choisissent de concourir au concours externe plutôt que d'attendre d'être éligible à l'inscription au concours interne, il s'agit d'un avantage indéniable. Ils ont ici une magnifique aubaine de prendre des points.

Pour tous les candidats, je suggère dès maintenant, sans attendre la veille de l'épreuve, d'adopter une stratégie mentale afin de se préparer au jour J.

Le but est d'agir comme un sportif de haut niveau face à une compétition: s'entraîner, visualiser et concourir en pleine capacité de ses moyens.

L'entraînement mental, c'est d'abord de se dire que vous n'avez pas le choix de passer à côté de cette épreuve. Vous n'êtes pas les premiers et ne serez pas les derniers, d'autres y sont arrivés.

1) **Vous vous interdisez dès maintenant de faire une note de synthèse ce jour là**, interdiction totale. Cette épreuve n'est pas une note de synthèse.

2) **Vous vous préparez mentalement à agir ce jour là en tant que commissaire de police**. Un dossier d'une trentaine de pages va être posé sur votre table de concours le X à telle heure (notez précisément la date et l'heure, cela rend la préparation mentale plus performante), vous rendrez quatre heures plus tard une note administrative qui propose des solutions pour régler un problème. Il n'y aura pas de première partie ou vous dites OUI et une seconde partie ou vous dites NON, il y a un problème à régler, vous en posez les contours -juridiques, statistiques, humains, partenariats -et vous proposez des solutions concrètes.

3) Cet aspect me paraît fondamental. Dites vous que ce que vous écrivez dans cette note vise à **résoudre un problème** à votre N+1 dont il n'a pas le temps de se consacrer. Concrètement, lorsque vous êtes devant votre copie, tant en phase de réflexion qu'en phase de rédaction, dites vous régulièrement que cette note va servir à être lu, comprise, voire utilisée par son destinataire, votre supérieur hiérarchique policier, en 20 minutes dès le soir même.

Vous avez compris la conséquence de cela sur votre copie: style direct: sujet, verbe, complément, un plan simple adapté à une situation locale et des solutions pratiques hiérarchisées à court – moyen et long terme si le sujet s'y prête.

La suite de ce chapitre va vous donner les armes pour être crédible dans cette épreuve. Il n'y a pas d'autres solutions que de connaître les bases du vocabulaire que votre correcteur emploi au quotidien.

L'épreuve vous plonge dans le monde des commissaires de police, a vous d'en connaître un minimum de bases, de fondations pour passer cette épreuve et gagner beaucoup de points.

4) **Le jour J**. Comme avant chaque épreuve, vous vous retrouverez au moins 20 minutes avant la distribution des copies assis seul, en silence, à ne rien pouvoir faire à votre table. Profitez en pour maximiser vos chances de réussite en mettant à profit les 3 premiers points de la séquence mentale. Fermez les yeux ou fixez un point fixe. Prenez quelques respirations par le ventre en respirant par le nez. Vous inspirez en comptant jusqu'à 2, retenez votre souffle jusque 16 puis soufflez en comptant lentement jusque 4. Recommencez quelques fois. Détendu, vous allez vous répétez « *je suis commissaire de police – dans quelques minutes, mon secrétariat va déposer sur mon bureau un dossier qui pose problème à mon directeur. Il a besoin d'une réponse dans 4 heures lui exposant le problème et lui proposant des solutions. Il a dès ce soir un rendez-vous avec le Préfet. Il va lui en parler. Je suis prêt, j'ai fais tout ce que j'ai pu pour en arriver là, j'ai à ma disposition les outils pour être aussi crédible que cohérent, et quoi qu'il arrive, dans quatre heures, mes amis resteront mes amis.* »

Top départ, le dossier est déposé sur votre bureau, vous êtes mentalement au sommet de vos capacités, votre inconscient est en phase avec la partie consciente de votre cerveau.

Il n'est pas interdit d'avoir une boisson énergisante sur sa table le jour du concours. A vous de voir. Il est indispensable de l'avoir testé une fois avant sur «une épreuve blanche» en cours d'année par contre.

- **Au niveau sémantique: des éléments de langage à inclure.**

C'est le propre des épreuves à dossier de l'INSP, proposer des éléments de langage en seconde partie que votre supérieur hiérarchique aurait à sa disposition pour les utiliser devant une assistance technique.

C'est exactement la même chose ici.

Je vous les donne dès maintenant, je vous explique ensuite la méthode pratique pour les utiliser dans votre copie de concours.

- **PARTENARIAT**

* Penser en termes de coproduction de la sécurité au sens large.

C'est associer la Police Municipale/ les élus, particulièrement ceux en charge de la sécurité publique (un maire a toujours un élu prioritairement en charge sur ces questions, c'est votre interlocuteur)/ le cas échéant, vous sollicitez le soutien opérationnel de la Gendarmerie Nationale (démontrer votre connaissance du schéma national 17), vous demandez le renfort en unité de force mobiles (CRS ou EGM) sur des opérations d'envergure (feu vert est donné par le Préfet de la Zone de Défense après accord de l'Unité de Coordination des Forces Mobiles au Ministère de l'Intérieur).

* Suggestion à des partenaires de requérir des agents de sécurité privée.

Ce n'est jamais à la charge de l'État. (nous ne traitons pas ici du dossier des externalisations). Ce sera par exemple une préconisation à indiquer à un partenaire privé qui subie une carence manifeste de protection d'un site ou qui organise un événement.

> C'est l'exemple d'une entreprise qui se fait régulièrement cambrioler parce qu'elle est équipée d'un grillage défectueux, n'a pas de caméras de vidéo-protection ni d'agents de sûreté.

Une boite de nuit qui connaît des bagarres récurrentes au fond du parking en fin de nuit, c'est le rôle de la Police Nationale de demander un engagement plus fort de ce partenaire en raison d'une hausse de plaintes, d'une pétition de riverains etc. En parallèle, vous serez présent en rondes et patrouilles sur la voie publique aux heures les plus délictuelles en termes de statistiques de la délinquance.

* Vous proposez d'organiser une réunion partenaires afin d'apporter une réponse opérationnelle au problème.

Toujours penser en trois échéances: court terme – moyen terme – long terme pour décliner une proposition.

La réunion partenaire est par exemple une proposition à court terme face au problème urgent susceptible de vous être posé dans la mise en situation du cas pratique.

* Penser en termes de Police de Sécurité du Quotidien (la PSQ).

Elle a été mise en place en 2018. C'est la doctrine générale actuelle de sécurité publique du Ministère de l'Intérieur. Concrétement, la Police Nationale, sur son ressort de compétence est menante, elle coordonne l'action partenariale en termes de sécurité publique de ses partenaires habituels (bailleurs sociaux, mairies, transporteurs, Education nationale, …), qui sont eux concourants.

Cela se concrétise au travers des groupes de partenariats opérationnels (GPO), animés par la Police Nationale.

Depuis 2018, chaque circonscription de Police de France justifie d'au moins une réunion par mois.

Un GPO répond à un découpage géographique qui n'est pas celui de la taille de la circonscription.

Cela se fait en fonction d'un secteur, d'un quartier dit sensible, d'une ville. Il y a donc plusieurs GPO par circonscription. Un tableau d'action est actualisé à l'issue de chaque réunion. Un membre qui ne propose pas d'actions concrètes n'a pas sa place au sein d'un GPO. Les résultats du mois N- 1 sont évalués lors du mois N et suivants. C'est essentiel d'intégrer cela dans votre copie quel que soit le sujet.

- **COMMUNICATION**

    Elle est essentielle à l'heure actuelle. Il s'agit davantage d'une communication opérationnelle: dans la presse locale/ sur l' l'intranet de votre commissariat (inclure vos effectifs dans la démarche)/ le compte twitter institutionnel de votre commissariat et/ou la page facebook. Ce peut être le recrutement sous le statut de réserviste d'un délégué police-population.

- **JUDICIAIRE**

    * <u>Associer le Procureur territorialement compétent dans vos démarches</u>: sollicitation en amont d'opérations de police de requisitions dite 78-2 du Code de procédure pénale (permet de réaliser des contrôles d'identité, des fouilles de véhicules sur un territoire délimité pendant une durée limité sous contrôle de l'autorité judiciaire et d'un officier de police judiciaire sur le terrain). C'est un élément indispensable de réponse opérationnelle à cette épreuve.

    * <u>Faire savoir que vous sollicitez une stratégie de politique pénale sur la problématique</u> (sessions de comparution immédiate, mise en œuvre de procès verbaux simplifiés pour le relevé de certaines infractions, ...).

* Avoir recours à l'<u>Amende forfaitaire délictuelle d'occupation illicite d'une partie commune d'immeuble collectif.</u> Les éléments cumulatifs pour retenir l'infraction sont une occupation à plusieurs du hall d'immeuble, le fait d'empêcher délibérément l'accès ou libre circulation ou bon fonctionnement des dispositifs de sécurité/ sûreté. Il peut être judicieux de la proposer dans votre note si le contexte le permet. *«La situation étant particulièrement dégradée au sein de la CSP de X depuis X sur le territoire du quartier de X en raison de X, il est proposé de recourir à une AFD pour occupation de hall d'immeuble.»*

* <u>Expérimentation installation illicite sur le terrain d'autrui.</u> 500 eur (minoration 400 eur si paiement rapide). Idéal pour le cas pratique de 2020.

- **RENSEIGNEMENT:**

* <u>solliciter l'analyse du renseignement territorial départemental sur votre problématique</u>, ainsi qu'un suivi le cas échéant. Notez qu'ils travaillent également sur «l'économie souterraine» et déclarée des circonscriptions de police.

- **ORGANISATION D'UNE OPÉRATION D'ENVERGURE:**

* sanctuariser des patrouilles
* demander renforts départementaux (canine, SI,...)
* OPJ sur place
* 78-2 au Procureur, il s'agit d'un document préalable écrit à remettre en copie à tous les effectifs engagés le jour J
* mobiliser l'appui des partenaires (appui vidéo par exemple avec la coopération du centre de supervision urbain de la ville), humain sur le terrain avec le renfort d'effectifs de la Police municipale, etc
* faire un briefing
* convoquer presse pendant ou en résumé de l'opération.

- **MAINTIEN DE L'ORDRE/ SERVICE D'ORDRE/ VOYAGE OFFICIEL :**

  - évoquer l'application du schéma national du maintien de l'ordre, doctrine de 40 pages disponible en accès libre sur internet. Elle est mise en œuvre depuis décembre 2021. Nouvelles sommations, personnel policier en civil pour dialoguer avec les manifestants et expliquer le sens des manœuvres, etc, dialogue en amont de la manifestation sur le trajet du cortège,...

La méthode du plan d'action

Maintenant que vous êtes dans l'esprit de l'épreuve et que vous disposez des bases sémantiques pour y faire face, je vais vous expliquer comment mettre le tout en forme simplement de manière cohérente.

N'oubliez jamais le fil rouge, le «pourquoi vous avez cela à faire?, il s'agit d'une fiche technique argumentée qui sera lu en 20 minutes par votre supérieur hiérarchique et qui vise à lui donner des solutions directement applicables à l'issue.

Vous le savez désormais, la note de synthèse est interdite. C'est le crash assuré au niveau de votre note. C'est mentionné chaque année dans le rapport public du jury depuis que cette épreuve existe.

Vous allez donc adopter une méthode que j'ai proposé à mes étudiants dès la sortie de cette épreuve en 2015 et qui fonctionne très bien. Surtout, elle ne vous demande que peu d'investissement dans la phase de préparation au concours: apprendre par cœur les éléments de vocabulaire vu précédemment et faire au minimum une à deux épreuves blanches dans les conditions du concours afin de s'exercer suffiront. Pourquoi faire compliqué lorsque l'on peut avoir 16/20 en faisant simple et pragmatique?

L'enjeu réside dans le fait que l'appropriation de cette méthode va vous permettre, quelle que puisse être la commande, d'analyser tous les aspects du sujet sans rien oublier ainsi que de vous poser les questions nécessaires à l'exposé des informations utiles.

C'est une épreuve pratique, à la différence des dissertations de culture générale, droit public et droit pénal / procédure pénale.

La méthode du questionnement ou plan d'action est un outil d'aide à la résolution de problèmes comportant une liste quasi exhaustive d'informations sur la situation. Voilà la pépite que vous attendiez pour faire face sereinement à cette épreuve.

En appliquant rigoureusement cette méthode, vous ne pouvez pas passer à côté du sujet, c'est impossible. Tous mes étudiants, sans exception, obtiennent au moins la moyenne en l'appliquant, dès la première épreuve blanche. La plupart finissent à plus de 15/20 au concours.

Il y a un moyen mémo-technique pour cela: « QQOQCCP » qui correspond sans difficultés à:
Q= Quoi ?
Q= Qui ?
O= Où ?
Q= Quand ?
C= Comment ?
C= Combien ?
P = Pourquoi ?

Cette méthode est privilégiée dans des situations professionnelles qui nécessitent l'élaboration d'un nouveau processus ou encore la mise en place d'actions correctives. Cela tombe bien pour vous: c'est précisément le fond de l'épreuve.

Le QQOQCCP va vous permettre de récolter des informations précises et exhaustives de la situation problématique posée et d'en mesurer le niveau de connaissance que vous en possédez, tant personnellement qu'à l'issue de la lecture des documents.

L'épreuve dure 4 heures, il convient de diviser votre temps en 2.

Il reste donc deux heures pour la lecture du sujet et du dossier en appliquant le plan d'action et d'établir un plan détaillé. Vous avez ensuite deux heures pour rédiger.

Vous allez donc judicieusement d'abord jeter un premier coup d'œil sur la nature des documents qui vous sont proposés: articles de presse, extraits de lois ou règlements, courriers d'élus, doctrine administrative,...

* Vous allez d'abord hiérarchiser l'ordre de lecture prioritaire.

1° tout ce qui a trait à la réglementation juridique, vous êtes commissaire de police, vous devez être précis sur ce point, qui apparaîtra toujours dans votre première partie.

2° les courriers d'élus, ce sont des éléments d'ambiance et de contexte essentiels, notamment dans vos propositions de solutions dans la seconde partie. Exemple : le dossier vous donne copie du courrier d'un maire du ressort de votre circonscription qui est excédé par les nuisances nocturnes occasionnées par des rodéos motorisés sauvages sur une avenue de sa ville. Le thème du dossier porte sur l'insécurité au sein de votre circonscription. Vous allez évidemment faire la proposition de patrouilles dynamiques de policiers sur ce secteur, demander un effort de la police municipal et l'orientation de nouvelles caméras de vidéo-protection le cas échéant.

3° Articles de fond d'associations, magasines spécialisés ou techniques

4° articles de journaux.

Il peut y avoir un document « piège » qui n'a aucune utilité parce qu'il traite d'un autre sujet. Vous n'êtes en aucun cas tenu de citer les documents dans la note administrative, tout au contraire, il est recommandé d'adopter une posture de futur professionnel. Concrètement, ne mettez pas un (document 2) en fin de phrase.

* Vous parcourez ensuite chaque document en lui

appliquant le filtre du QQOQCCP qui dirige votre prise de note. Ce tableau résume de manière pratique les questions à vous poser devant le dossier fourni.

	Description	Questions à se poser	Cibles
Quoi ?	• De la problématique • De la tâche • De l'activité	• De quoi s'agit-il ? • Que s'est-il passé • Qu'observe-t-on ?	• Objet • Actions • Procédés • Phase • Opération • Machine
Qui ?	• Des personnes concernées • Des parties prenantes • Des intervenants	• Qui est concerné ? • Qui a détecté le problème ?	• Personnel, partenaires, population,...
Où ?	• Des lieux	• Où cela s'est-il produit ? • Où cela se passe-t-il ? • Sur quel poste ?	• Lieux, commissariat, circonscription...

Quand ?	• Du moment • De la durée • De la fréquence	• Quel moment ? • Combien de fois par cycle ? • Depuis quand ?	• Mois, jour, heure, durée, fréquence, planning, délais
Comment ?	• Des méthodes • Des modes opératoires • Des manières	• De quelle manière ? • Dans quelles circonstances ?	• Moyens, fournitures, procédures, mode opératoire
Combien ?	• Des moyens • Du matériel • Des équipements	• Quel coût ? • Quels moyens ? • Quelles ressources ?	• Budget, pertes, nombre de ressources.
Pourquoi ?	• Des raisons, des causes, des objectifs	• Dans quel but ? • Quelle finalité ?	• Action correctives, préventives, former, atteindre les objectifs ...

* Vous rédigez ensuite un plan détaillé sur votre brouillon qui intégre ce plan d'action

Pour réussir cette épreuve, il est nécessaire de vous convaincre au préalable qu'il n'est pas attendu autre chose qu'un document administratif opérationnel pratique. Ni plus, ni moins.

Dites vous que la copie que vous allez rendre peut être utilisée le jour-même par un supérieur hiérarchique qui ne connaît peut être même pas le sujet.
C'est le but de la première partie: expliquer, poser le problème et ses enjeux. Il est donc absolument indispensable dès cette étape de mettre au niveau local les problématiques économiques, sociales, juridiques, d'ordre public qui sont posées par le sujet.

Vous n'aurez jamais la moyenne si vous faites une première partie qui traite des problèmes juridiques du dossier (une synthèse des documents en somme) sans jamais en faire la pédagogie locale.

Je vais vous expliquer comment faire savoir de manière explicite au correcteur que vous n'êtes pas tombé dans le piège. Ce dernier est pourtant évoqué chaque année par le rapport public du jury.

Á la fin de la première partie, votre supérieur hiérarchique, qui ne connaît peut-être pas le sujet, à connaissance des enjeux du dossier, avec sa mise en perspective locale. J'insiste sur ce dernier point.

Le sujet traite de la prostitution au sein du quartier X de la circonscription de X. Vous avez un dossier de 30 pages dont 20 traitent de lois, règlements et articles de journaux nationaux et quelques documents sur la délinquance locale et un courrier du maire exaspéré. Votre première partie mentionnera explicitement dès son titre : « UNE RECRUDESCENCE DE LA PROSTITUTION AU COEUR DU QUARTIER DE X DE LA CIRCONSCRIPTION DE X A RESORBER ». Première sous-partie, vous expliquer la situation juridique actuelle du sujet en mentionnant quelques statistiques locales. Deuxième sous-partie, les leviers existants à utiliser pour s'attaquer au problème, c'est à dire les solutions générales juridiques, pratiques, économiques ou autres mentionnées dans le sujet.

La seconde partie vise à donner à votre supérieur hiérarchique un plan d'action concret et pratique pour pallier au problème immédiatement. Dix minutes après avoir lu votre copie et se l'être approprié, il est censé pouvoir en discuter avec le Préfet et dire ce qu'il va commencer dès le soir même: premières patrouilles coordonnées avec la Police Municipale sur le quartier à problème sur la tranche horaire où la délinquance ciblée augmente, demande d'une réquisition 78-2 au parquet, contrôles routiers. La semaine suivante, il intègre le dossier au GPO du secteur avec les bailleurs sociaux, la mairie, les transporteurs.

Fort de ces actions, il prend rendez-vous avec les gérants de discothèque du quartier pour leur indiquer ce qu'ils peuvent entreprendre sur leur emprise privée pour endiguer le phénomène.

Voilà la copie qui dépasse 15/20. Cette façon de présenter votre copie s'applique à tous les sujets depuis 2015.

Si vous pensez à cette logique de transmission de connaissances à un supérieur hiérarchique et à la possibilité pour lui de commencer 10 minutes après la lecture le plan d'action proposé auprès d'un Préfet comme si c'est lui qui l'avait préparé depuis des heures, vous avez gagné.

Vous n'avez évidemment pas besoin de connaître quoi que ce soit au sujet de manière préalable. Au contraire, si le sujet porte sur un dossier que vous avez traité en stage, vous pouvez tout à fait le réaliser sans trop vous attarder sur les documents. Vous vous limiterez aux éléments de contexte locaux évidemment: statistiques, courrier d'élus,...

La rédaction de la copie

Il est attendu une introduction courte et opérationnelle en 10-20 lignes. Vous exposez le problème avec une problématique sous forme de question et une annonce de plan. Vous procédez de la même façon que pour une introduction de dissertation sur le plan formel. Sur le fond, vous faites déjà savoir au correcteur qu'il s'agit d'une problématique nationale, l'exemple de la prostitution par exemple, qui pose un problème local, vous mentionnez la circonscription et le quartier visé, auquel vous allez proposer un plan d'action à plusieurs possibilités pratiques au profit de votre circonscription.

Vous n'êtes pas Ministre de l'Intérieur, vous ne vous attaquez pas de manière générale au problème, c'est le secteur de votre circonscription qui pose problème qui vous intéresse.

Vous indiquez les titres de vos parties et sous-parties comme pour les dissertations de droit public et droit pénal. Si il y a une chose à retenir, c'est que la simple lecture de votre plan fasse ressortir, quel que puisse être le sujet, qu'il existe un problème (d'envergure national) qui se pose sur un secteur de votre circonscription et que vous proposez un plan d'action concret et directement applicable, en phase avec la législation en vigueur, pour le résorber.

Je suis sur que tous les lecteurs de ce livre sont capables de faire cela.

Dans la seconde partie, vous pouvez utiliser des petits tirets pour faciliter la lecture de vos propositions.

Vous concluez en quelques lignes, de manière positive. Il y a un problème, des solutions existent, du court terme au long terme, commençons à la résoudre de manière coordonnée.

Il est absolument proscrit, sous peine de voir sa copie annulée, de mentionner vos noms et prénoms en en-tête de copie ou à la fin de celle-ci.

Vous signer «Le commissaire X, chef de la circonscription de X».

Il est temps de concrétiser toutes ces explications par l'analyse d'une copie de concours. Je vous propose ensuite un sujet blanc et une correction type pour vous entraîner.

* Exemple d'une copie du concours 2021, le candidat a obtenu la note de 15,25/20.

Ministère de l'Intérieur,
Direction Générale de la Police Nationale,
Direction Centrale de la Sécurité Publique,
Direction Départementale de la Sécurité Publique,
Circonscription de Sécurité Publique,

Le Commissaire de Police,
chef de la Circonscription de Sécurité Publique
à
M, Mme le Directeur départemental
de la Sécurité Publique.

Note d'information

Objet : Bilan de l'évolution des cas de violences intrafamiliales, et propositions visant à poursuivre la lutte contre ce phénomène.

Le 14 février 2020, le Ministre de l'Intérieur, évoquant le bilan « globalement positif » de l'accueil des femmes victimes de violences conjugales, rappelait l'importance quantitative du contentieux des violences intrafamiliales et soulignant ainsi que près de 200 000 cas étaient recensés chaque année par près de 90 000 procédures. Il s'agit donc d'un contentieux de masse, qui fait l'objet d'une attention particulière ces dernières années afin d'endiguer un phénomène encore difficile à détecter et prévenir.

Les cas de violences intrafamiliales ont fortement augmenté ces derniers mois dans la Circonscription de sécurité publique. Il s'agit d'un phénomène aux déclinaisons

1...1.8..

plurielles qui touche non seulement les conjoints ou concubins, mais également les enfants. Ces cas de violences, souvent répétées, avec des conséquences parfois tragiques donnant lieu à la mort de certaines victimes, constituent une véritable priorité pour les services de police de la CSP afin d'appliquer les mesures fixées à l'échelle nationale pour endiguer ce phénomène durable. La détection de ces cas de violences, la prise en charge des victimes dans les commissariats et la répression des atteintes qui leur sont portées, constituent désormais les objectifs prioritaires de la CSP pour lutter contre ce type d'infraction. Pour autant, ces faits de violence sont en augmentation malgré les mesures actuellement mises en place.

En vue de la réunion prochaine organisée par le Préfet de département pour présenter une stratégie globale d'action aux associations d'aide aux victimes de violences intrafamiliales, la présente note vise à dresser un bilan de la situation actuelle relative à ce phénomène et à rappeler les mesures mises en place, ces dernières étant impulsées par la priorité donnée par les pouvoirs publics à ce type de violences. De surcroît, des dispositions relatives au renforcement de la lutte contre ces phénomènes seront également intégrées à ce bilan situationnel.

Les cas de violences intrafamiliales sont actuellement en hausse dans la CSP, ils représentent des situations variées et font l'objet d'une prise en charge accrue par les services de Police ces dernières années (I). Pour autant, il apparait nécessaire de poursuivre la lutte contre ce phénomène en renforçant les mesures judiciaires tant à l'égard des victimes qu'à l'égard des mises en cause, tout en favorisant le développement des partenariats pour accroître la prise en charge de ces victimes (II).

I) <u>Les violences intrafamiliales représentent une pluralité de situations, souvent difficiles à détecter, mais dont la lutte contre ce phénomène constitue actuellement une priorité pour les services de police.</u>

Les violences intrafamiliales sont en hausse dans la CSP et reflètent une pluralité de situations touchant des profils différents et dont la prise en charge demeure délicate en l'absence de connaissance de tels cas (A). Pour autant, la lutte contre ce phénomène

2.18

représente aujourd'hui une priorité par la circonscription de sécurité publique, cette dernière appliquant la stratégie mise en œuvre à l'échelle nationale (B).

A) Un phénomène en augmentation souvent difficile à détecter par les services de police et leurs partenaires.

Les violences intrafamiliales touchent à la fois l'un des membres du couple, mais également les enfants. Cette distinction est essentielle pour aménager la réponse judiciaire et sociale selon chaque situation. Une étude de l'IGAS, menée en 2019 relevait 363 homicides entre 2012 et 2016 commis sur des mineurs, soit l'équivalent d'un enfant tué tous les 5 jours sous les coups de ses parents. Les violences exercées par ces derniers sont souvent chroniques et ont une intensité variable menant à des conséquences différentes quant à la prise en charge des victimes. Néanmoins, les homicides commis par les parents sur leurs enfants représentent près de 10% de l'ensemble des meurtres perpétrés sur le territoire national. Il s'agit donc d'un phénomène d'ampleur, souvent difficile à détecter en raison de l'absence importante de dépôt de plainte des victimes et de l'évolution progressive de ces cas, débutant souvent par des violences légères et s'amplifiant peu à peu. A ce titre, une étude du Défenseur des Droits menée en 2019 rappelle également que les mineures sexuelles sont souvent les plus touchées en matière de violences commises par les parents sur leurs enfants. Cette situation spécifique doit donc être distinguée pour articuler une réponse et une prévention appropriée contre ce phénomène en augmentation. Des études psychologiques menées sur les parents mis en cause démontrent l'existence fréquente de troubles mentaux et d'addictions. Ces parents exercent des violences fréquentes sur leurs enfants dans de nombreux cas d'où l'importance par l'ensemble des services administratifs et judiciaires d'anticiper la survenance d'actes irréversibles.

Les violences intrafamiliales s'exercent également au sein du couple. Un article du journal Le Monde paru en Mars 2016 s'appuyait sur une enquête de cadre de vie et de sécurité menée entre 2008 et 2014 par l'ONDRP pour relever que les femmes étaient très majoritaires dans les victimes de ces violences (18,5% de ces dernières déclaraient avoir subi une telle infraction), sachant toutefois que ces dernières étaient plus diplômées que leur conjoint. Cette violence, souvent chronique peut être à la fois psychologique et matérielle et s'exerce régulièrement sous la forme d'un harcèlement quotidien. La difficulté par ce type de violence relève du dépôt de plainte qui s'élève à seulement 10% des victimes selon ces mêmes enquêtes. Les victimes ont peur des représailles suite à un dépôt de plainte, et retirent régulièrement leurs plaintes, le cas notamment dans une tragique affaire de 2016 ayant mené à un triple homicide dans le Pas de Calais. La notion d'emprise peut également expliquer l'absence de dépôt de plainte face à 3...13...

ce type de violence. Enfin, il est nécessaire de rappeler que les violences intrafamiliales touchent également 8% des hommes, ces derniers connaissent aussi des difficultés réelles à informer les services compétents de l'existence de tels actes.

Les violences intrafamiliales sont donc plurielles et sont peu détectées en raison du cadre privé dans lequel ces dernières s'exécutent. Cependant, la lutte contre ce phénomène fait désormais l'objet d'une priorité par les pouvoirs publics, relayée à l'échelle de la Circonscription de sécurité publique (B).

B. La lutte contre les violences intrafamiliales fait désormais l'objet d'une stratégie d'action globale, relayée à l'échelle de la CSP par les services de Police.

Par rappel, les violences au sein du couple et dans le cadre familial constituent des délits punis d'une peine d'emprisonnement de 3 ans par des violences entraînant une ITT inférieure à 8 jours (222-12 du Code Pénal) à 10 ans d'emprisonnement par une ITT supérieure à trois mois (article 222-14 du Code Pénal). Les menaces de mort constituent également un délit puni d'une peine d'emprisonnement, tout comme le harcèlement (222-33-1 du Code pénal) et les agressions sexuelles (222-28 CP). Les violences dans les cas les plus graves peuvent constituer un crime allant jusqu'à la réclusion à perpétuité en cas d'assassinat. Les violences commises à l'égard des enfants sont également punies sévèrement par le législateur à travers l'établissement des circonstances aggravantes relatives à l'âge et à l'autorité. Un arsenal répressif existe donc pour lutter contre ce phénomène et ne cesse d'être renforcé ces dernières années, notamment avec la loi du 3 août 2018 renforçant les sanctions relatives aux atteintes commises sur les mineurs, ou encore les récentes lois visant à favoriser l'obtention de téléphone grave danger par les victimes de violence. Le renforcement de la lutte contre les violences intrafamiliales se perçoit donc à travers le dispositif pénal mis en place.

A l'échelle nationale, le Grenelle contre les violences conjugales et les violences faites aux femmes, tenu en septembre 2019 a permis la mise en place de mesures pour endiguer ce type de violence et améliorer leur constatation à travers notamment la création d'un numéro vert pour les victimes et la création d'une plateforme de signalement en ligne. De manière plus générale, dans un souci de prévention des violences, de protection des victimes et de sanction des auteurs, 10 mesures d'urgence ont été annoncées par le Premier Ministre pour répondre à 6 priorités. En premier lieu, 1000 places d'hébergement supplémentaires ont été annoncées par

9...1.8..

mettre à l'abri les victimes de violences conjugales. De même, la mise en place de téléphone grave danger a été favorisée tout en augmentant la protection des femmes victimes tout au long de la chaîne pénale ainsi qu'en limitant l'exercice de l'autorité parentale par le parent violent. De surcroît, les pistes fixées par ce Grenelle ont donné lieu à plusieurs mesures urgentes aux juridictions policières avec notamment la possibilité par le juge aux affaires familiales depuis la loi du 28 mars 2019 d'attribuer le logement au policier hors de la séparation, mais également d'ordonner dans un délai restreint une ordonnance de protection pour la victime. Un filière d'urgence par le traitement des procédures relevant de ce contentieux a également été généralisée afin d'accélérer la lutte contre ce phénomène en donnant une réponse pénale effective et rapide. La lutte contre les violences au sein du couple constitue un enjeu prioritaire par l'ensemble des acteurs judiciaires, dont les magistrats, ces derniers étant désormais plus sensibilisés à ces problématiques.

Ces mesures connaissent au plan national tendent à être relayées dans la Circonscription de sécurité publique. En effet la prise en charge de l'accueil des victimes constituent désormais une priorité, des formations facultatives sont désormais proposées aux policiers pour se sensibiliser davantage aux violences intrafamiliales. Les psychologues de la Police Nationale constituent également un atout indéniable pour la prise en charge des victimes et la formation des effectifs de police. Une note d'information d'avril 2017 du Directeur Central de la sécurité publique rappelle ainsi l'importance de ces psychologues. Un audit mené à l'échelle nationale par l'IGPN et rendu en 2020 démontre également la satisfaction des victimes par leur prise en charge (90% sont satisfaites). De même, à l'échelle départementale, les taux d'élucidation des faits constatés sont élevés et démontrent l'importance du travail fourni par les services de police. Néanmoins, l'absence de dépôt de plainte des victimes vient en contradiction ce taux d'élucidation et présente la véritable particularité de ce type de violences.

5.18

Les violences intrafamiliales font désormais l'objet d'une stratégie de lutte impulsée par le Ministère de l'Intérieur et relayée par l'ensemble des commissariats. Si les résultats démontrent un travail probant des effectifs de la Police Nationale, la priorité s'inscrit désormais autour de la détection et de la connaissance de ces cas de violences intrafamiliales. Dès lors, plusieurs propositions articulant une réponse judiciaire et partenariale seront avancées (II).

II) **La lutte contre les violences intrafamiliales doit être poursuivie à travers un renforcement de la détection du phénomène, de la prise en charge des victimes et de la communication avec l'ensemble des partenaires associés.**

Les violences intrafamiliales font désormais l'objet d'une répression renforcée sur le plan judiciaire qui doit désormais être complétée par un renforcement de la détection du phénomène par les services de police (A). De surcroît, l'échange avec les partenaires associatifs doit également être favorisé pour assurer davantage la prise en charge des victimes (B).

A) **La réponse pénale face au phénomène doit être complétée par une formation croissante des effectifs de police à cette problématique.**

Sur le plan judiciaire, la répression des violences intrafamiliales s'est renforcée à travers les récentes lois et la priorité donnée à cette lutte sur le plan local par les parquets à travers l'usage des comparutions immédiates notamment et l'accélération des poursuites.
La priorité par les services de police est désormais de détecter davantage les cas de violences intrafamiliales tout en améliorant la prise en charge des victimes, encore parfois maladroite en raison du caractère très spécifique de ces violences.
Par la formation des services de dépôt de plainte et des unités de voie publique, une formation complémentaire obligatoire de 3 heures pourrait être ajoutée à la formation facultative basée sur le volontariat. De même, il pourra être nécessaire de rappeler à l'ensemble des services l'obligation de recevoir toutes les plaintes ou signalements

effectués par des victimes, même si les infractions ne sont pas commises sur le territoire couvert par la CSP. Un échange sur les faits constatés sera dès lors favorisé avec les autres commissariats du département afin de recouper l'ensemble des informations.
Un référent dédié aux affaires de violences intrafamiliales pourra être institué afin d'assurer une cohérence dans la politique tenue par les services de police dans cette matière. La mise en place d'un retour d'expérience (RETEX) à l'échelle du département pourrait également permettre aux effectifs chargés de lutter contre ce phénomène de mieux comprendre ses contraintes et les procédés spécifiques à adopter. La mise en place d'un pôle psychologique à l'échelle au sein du département pourrait également être avancé pour favoriser la prise en charge des victimes et mis en cause dans les commissariats. En effet, les psychologues de la Police Nationale doivent compléter l'action des services dans cette matière où la prise en charge des victimes demeure particulière.

Pour accroitre la détection des cas de violences intrafamiliales, il apparait nécessaire de renforcer l'échange d'informations avec le Parquet pour repérer tout signalement afin de prendre en charge en amont les victimes pour éviter la réitération des violences. Il pourrait être proposé au Procureur de la République d'accroitre le recours aux téléphones graves dangers, de demander davantage au JAF des ordonnances de protection et de favoriser le règlement des affaires à travers des procédures accélérées. Les services de police pourront quant à eux effectuer davantage de passages près des habitations où des signalements de violences intrafamiliales ont eu lieu, afin d'établir une possible flagrance. Ce suivi en amont n'est néanmoins possible que si des signalements par la victime sont effectués, ceux-ci peuvent l'être par la voie de la plateforme de signalement.

En parallèle de la réorganisation des services de commissariat autour de la lutte contre ce type de violences, l'échange avec l'ensemble des partenaires concernés doit désormais être favorisé au nom d'une meilleure détection et prévention (B).

B. Le renforcement de l'échange d'information et de la communication avec l'ensemble des partenaires concernés par cette lutte doit permettre à plus long terme de prévenir davantage la survenance de ce phénomène

Si le dépôt de plainte des victimes doit être favorisé, notamment en rappelant la possibilité de déposer plainte en ligne depuis 2018, cette facilitation doit également être opérée via le recours aux structures sanitaires et sociales, éducatives ou associatives pouvant dès lors relayer aux services de police ces plaintes. La généralisation progressive du dépôt | 7...18...

de plainte dans les hôpitaux constitue à ce titre un outil supplémentaire permettant de mieux détecter ce phénomène. De même, un échange d'information entre les services de police et les acteurs des structures sanitaires et sociales doit être favorisé via la mise en place d'un référent au sein de ces commissariats auprès de ces structures. Cette communication accrue devrait ainsi favoriser tant la détection des violences que la prise en charge des victimes sur le plan social, psychologique ou médical. A ce titre, il est également nécessaire pour les services de police d'être davantage informés par les associations de victimes de l'ensemble des signalements qui leur sont effectués et qu'elles reçoivent de leur propre initiative. Dans cette perspective, l'agent de police chargé d'assurer la po d'assurer la cohérence en matière de traitement de ces cas de violences, pourrait intervenir auprès des victimes dans ces associations pour sensibiliser ces dernières à déposer plainte et à faire les démarches administratives pour être prises en charge.

Les violences intrafamiliales perpétrées sur les enfants doivent quant à elles faire l'objet d'une approche spécifique sur le plan des partenariats entre les services de police et les services éducatifs. En premier lieu, un renforcement de la détection de telles violences doit s'effectuer au sein des établissements scolaires à travers la généralisation d'un examen médical de l'enfant hors présence des parents, mais aussi à travers la remontée d'information par ces établissements aux services de police. Les services éducatifs sont responsables de détecter l'ensemble de ces violences. Il apparaît donc nécessaire de protéger la communication avec ces derniers, qu'ils relèvent du service public de l'éducation ou d'associations. A ce titre, une réunion mensuelle avec leurs responsables pourrait être organisée.
Enfin des actions de sensibilisation dans les établissements scolaires pourraient être mises en place par les services de police pour les élèves afin d'inciter ces derniers à signaler tout fait suspect commis à leur encontre.

. Les violences intrafamiliales demeurent un phénomène difficile à détecter et délicat à prévenir en raison de l'opacité dans laquelle elles s'exercent. Néanmoins, la lutte contre ce phénomène peut être renforcée à travers la répression accrue des auteurs, complétée par un aménagement de la prise en charge des victimes et de la communication avec l'ensemble des services concernés par ce phénomène.

p. 18

* **Devoir d'entraînement à l'épreuve du cas pratique à partir d'un dossier administratif.**

Durée 4h.

Sujet:

Vous êtes le chef d'une circonscription de police de 200 000 habitants.

Cette circonscription présente la particularité d'être un haut-lieu de la prostitution du département en raison de sa proximité des grands axes routiers ainsi que sa géographie champêtre en périphérie d'établissements de nuits attirant de nombreux clients.

Les riverains vous font part de leur inquiétude face aux nuisances occasionnées par ces activités, souvent nocturnes. Le maire vous remonte son incompréhension sur la poursuite de ce phénomène en dépit des récentes modifications législatives sur le sujet, il craint pour l'image de sa commune et l'implantation d'entreprises à venir sur la zone commerciale.

Le sous-préfet d'arrondissement convoque une réunion sur le sujet. Il souhaite que ce dernier soit réglé dans le cadre de la Police de Sécurité du Quotidien.

Votre Directeur Départemental de la Sécurité Publique, qui a pris ses fonctions le mois dernier, est avisé de la tenue de cette réunion.

Il vous sollicite afin de lui rédiger une note administrative lui expliquant la situation ainsi que vos propositions d'action en termes judiciaires, administratifs, partenariales et de communication. Il vous précise que toutes vos préconisations en termes de prévention, réalistes et concrètes, seront particulièrement appréciées.

Chapitre 4

DOCUMENTS JOINTS

1) Loi du 13 avril 2016 visant à renforcer la lutte contre le système prostitutionnel et à accompagner les personnes prostituées

2) Circulaire du 18 avril 2016 de présentation des dispositions de droit pénal et de procédure pénale de la loi du 13 avril 2016

3) Article de l'Express du 5 avril 2017 « Prostitution : la pénalisation des clients va-t-elle être coûteuse et inutile ? »

4) Article de Libération du 03 avril 2017, « La pénalisation des clients nuit aux travailleurs du sexe »

5) Communiqué de presse du Préfet de la Région Île de France du 17 novembre 2017

6) Article du Figaro du 6 avril 2017, « Loi sur la prostitution : un bilan mitigé

7) Article L'Express du 5 avril 2017, « Prostitution : un an après, quel bilan pour la loi ? »

8) Principales dispositions de lutte contre la prostitution

9) Extraits du rapport annuel 2016 du Mouvement du NID France

10) Instruction ministérielle du 13 avril 2022 relative à l'ouverture des droits dans le cadre du parcours de sortie de la prostitution et d'insertion sociale et professionnelle

11) Tableau statistique circonscription

12) Courrier du maire en date du 5 novembre 2022

Chapitre 4

En savoir plus sur ce texte...

JORF n°0088 du 14 avril 2016
texte n° 1

LOI n° 2016-444 du 13 avril 2016 visant à renforcer la lutte contre le système prostitutionnel et à accompagner les personnes prostituées (1)

NOR: FDFX1331971L
ELI: https://www.legifrance.gouv.fr/eli/loi/2016/4/13/FDFX1331971L/jo/texte
Alias: https://www.legifrance.gouv.fr/eli/loi/2016/4/13/2016-444/jo/texte

L'Assemblée nationale et le Sénat ont délibéré,
L'Assemblée nationale a adopté,
Le Président de la République promulgue la loi dont la teneur suit :

- Chapitre Ier : Renforcement des moyens de lutte contre le proxénétisme et la traite des êtres humains aux fins d'exploitation sexuelle

Article 1

Au troisième alinéa du 7 du I de l'article 6 de la loi n° 2004-575 du 21 juin 2004 pour la confiance dans l'économie numérique, après le mot : « articles », sont insérées les références : « 225-4-1, 225-5, 225-6, ».

Article 2

Au premier alinéa de l'article L. 451-1 du code de l'action sociale et des familles, après le mot : « inadaptations », sont insérés les mots : « , dans la prévention de la prostitution et l'identification des situations de prostitution, de proxénétisme et de traite des êtres humains ».

Article 3

Le titre XVII du livre IV du code de procédure pénale est complété par un article 706-40-1 ainsi rédigé :

« Art. 706-40-1.-Les personnes victimes de l'une des infractions prévues aux articles 225-4-1 à 225-4-6 et 225-5 à 225-10 du code pénal, ayant contribué par leur témoignage à la manifestation de la vérité et dont la vie ou l'intégrité physique est gravement mise en danger sur le territoire national, peuvent faire l'objet en tant que de besoin de la protection destinée à assurer leur sécurité prévue à l'article 706-63-1 du présent code.
« Le premier alinéa du présent article est également applicable aux membres de la famille et aux proches des personnes ainsi protégées.
« Lorsqu'il est fait application à ces personnes des dispositions de l'article 706-57 relatives à la déclaration de domicile, elles peuvent également déclarer comme domicile l'adresse de leur avocat ou d'une association mentionnée à l'article 2-22.
« Sans préjudice du présent article, l'article 62 est applicable aux personnes mentionnées au premier alinéa du présent article. »

Article 4

Au 1° de l'article L. 8112-2 du code du travail, après les mots : « 222-33-2 du même code », sont insérés les mots : « , l'infraction de traite des êtres humains prévue à l'article 225-4-1 dudit code ».

- Chapitre II : Protection des victimes de la prostitution et création d'un parcours de sortie de la prostitution et d'insertion sociale et professionnelle

Section 1 : Dispositions relatives à l'accompagnement des victimes de la prostitution

Article 5

I.-Le code de l'action sociale et des familles est ainsi modifié :
1° L'article L. 121-9 est ainsi rédigé :

« Art. L. 121-9.-I.-Dans chaque département, l'Etat assure la protection des personnes victimes de la prostitution, du proxénétisme ou de la traite des êtres humains et leur fournit l'assistance dont elles ont besoin, notamment en leur procurant un placement dans un des établissements mentionnés à l'article L. 345-1.

« Une instance chargée d'organiser et de coordonner l'action en faveur des victimes de la prostitution, du proxénétisme et de la traite des êtres humains est créée dans chaque département. Elle met en œuvre le présent article. Elle est présidée par le représentant de l'Etat dans le département. Elle est composée de représentants de l'Etat, notamment des services de police et de gendarmerie, de représentants des collectivités territoriales, d'un magistrat, de professionnels de santé et de représentants d'associations.

« II.-Un parcours de sortie de la prostitution et d'insertion sociale et professionnelle est proposé à toute personne victime de la prostitution, du proxénétisme et de la traite des êtres humains aux fins d'exploitation sexuelle. Il est défini en fonction de l'évaluation de ses besoins sanitaires, professionnels et sociaux, afin de lui permettre d'accéder à des alternatives à la prostitution. Il est élaboré et mis en œuvre, en accord avec la personne accompagnée, par une association mentionnée à l'avant-dernier alinéa du présent II.

« L'engagement de la personne dans le parcours de sortie de la prostitution et d'insertion sociale et professionnelle est autorisé par le représentant de l'Etat dans le département, après avis de l'instance mentionnée au second alinéa du I et de l'association mentionnée au premier alinéa du présent II.

« La personne engagée dans le parcours de sortie de la prostitution et d'insertion sociale et professionnelle peut se voir délivrer l'autorisation provisoire de séjour mentionnée à l'article L. 316-1-1 du code de l'entrée et du séjour des étrangers et du droit d'asile. Elle est présumée satisfaire aux conditions de gêne ou d'indigence prévues au 1° de l'article L. 247 du livre des procédures fiscales. Lorsqu'elle ne peut prétendre au bénéfice des allocations prévues aux articles L. 262-2 du présent code, L. 744-9 du code de l'entrée et du séjour des étrangers et du droit d'asile et L. 5423-8 du code du travail, une aide financière à l'insertion sociale et professionnelle lui est versée.

« L'aide mentionnée au troisième alinéa du présent II est à la charge de l'Etat. Elle est financée par les crédits du fonds pour la prévention de la prostitution et l'accompagnement social et professionnel des personnes prostituées institué à l'article 7 de la loi n° 2016-444 du 13 avril 2016 visant à renforcer la lutte contre le système prostitutionnel et à accompagner les personnes prostituées. Le montant de l'aide et l'organisme qui la verse pour le compte de l'Etat sont déterminés par décret. Le bénéfice de cette aide est accordé par décision du représentant de l'Etat dans le département après avis de l'instance mentionnée au second alinéa du I. Il est procédé au réexamen de ce droit dès lors que des éléments nouveaux modifient la situation du bénéficiaire. L'aide est incessible et insaisissable.

« L'instance mentionnée au second alinéa du I du présent article assure le suivi du parcours de sortie de la prostitution et d'insertion sociale et professionnelle. Elle veille à ce que la sécurité de la personne accompagnée et l'accès effectif aux droits mentionnés au troisième alinéa du présent II soient garantis. Elle s'assure du respect de ses engagements par la personne accompagnée.

« Le renouvellement du parcours de sortie de la prostitution et d'insertion sociale et professionnelle est autorisé par le représentant de l'Etat dans le département, après avis de l'instance mentionnée au second alinéa du I et de l'association mentionnée au premier alinéa du présent II. La décision de renouvellement tient compte du respect de ses engagements par la personne accompagnée, ainsi que des difficultés rencontrées.

« Toute association choisie par la personne concernée qui aide et accompagne les personnes en difficulté, en particulier les personnes prostituées, peut participer à l'élaboration et à la mise en œuvre du parcours de sortie de la prostitution et d'insertion sociale et professionnelle, dès lors qu'elle remplit les conditions d'agrément fixées par décret en Conseil d'Etat.

« Les conditions d'application du présent article sont déterminées par le décret mentionné à l'avant-dernier alinéa du présent II. » ;
2° L'article L. 121-10 est abrogé.
II.-La loi n° 2003-239 du 18 mars 2003 pour la sécurité intérieure est ainsi modifiée :
1° L'article 42 est abrogé ;
2° A la première phrase de l'article 121, la référence : « 42 » est remplacée par la référence : « 41 ».

Article 6

I. - L'article L. 441-1 du code de la construction et de l'habitation est ainsi modifié :
1° Après le e, sont insérés des f et g ainsi rédigés :
« f) De personnes engagées dans le parcours de sortie de la prostitution et d'insertion sociale et professionnelle prévu à l'article L. 121-9 du code de l'action sociale et des familles ;
« g) De personnes victimes de l'une des infractions de traite des êtres humains ou de proxénétisme prévues aux articles 225-4-1 à 225-4-6 et 225-5 à 225-10 du code pénal. » ;
2° A la première phrase de l'avant-dernier alinéa, les mots : « dixième à douzième » sont remplacés

Chapitre 4

par les mots : « douzième à quatorzième » et le mot : « treizième » est remplacé par le mot : « quinzième ».
II. - Au troisième alinéa de l'article L. 441-2 du même code, le mot : « septième » est remplacé par le mot : « dixième ».
III. - A la première phrase du premier alinéa du II de l'article 4 de la loi n° 90-449 du 31 mai 1990 visant à la mise en œuvre du droit au logement, les références : « aux a à e » sont remplacées par les références : « aux a à g ».

Article 7

I. - Il est créé, au sein du budget de l'Etat, un fonds pour la prévention de la prostitution et l'accompagnement social et professionnel des personnes prostituées. Ce fonds contribue aux actions définies à l'article L. 121-9 du code de l'action sociale et des familles. Il soutient toute initiative visant à la sensibilisation des populations aux effets de la prostitution sur la santé et à la réduction des risques sanitaires, à la prévention de l'entrée dans la prostitution et à l'insertion des personnes prostituées.
II. - Les ressources du fonds sont constituées par :
1° Des crédits de l'Etat affectés à ces actions et dont le montant est fixé par la loi de finances de l'année ;
2° Les recettes provenant de la confiscation des biens et produits prévue au 1° de l'article 225-24 du code pénal.
III. - L'article 225-24 du code pénal est ainsi modifié :
1° Au premier alinéa, après le mot : « articles », sont insérés les mots : « 225-4-1 à 225-4-9 et » ;
2° Au 1°, après les mots : « la personne », sont insérés les mots : « victime de la traite des êtres humains ou ».

Article 8

Le code de l'entrée et du séjour des étrangers et du droit d'asile est ainsi modifié :
1° A la première phrase du premier alinéa de l'article L. 316-1, les mots : « peut être » sont remplacés par le mot : « est » ;
2° Après l'article L. 316-1, il est inséré un article L. 316-1-1 ainsi rédigé :

« Art. L. 316-1-1. - Une autorisation provisoire de séjour d'une durée minimale de six mois peut être délivrée, sauf si sa présence constitue une menace pour l'ordre public, à l'étranger victime des infractions prévues aux articles 225-4-1 à 225-4-6 et 225-5 à 225-10 du code pénal qui, ayant cessé l'activité de prostitution, est engagé dans le parcours de sortie de la prostitution et d'insertion sociale et professionnelle mentionné à l'article L. 121-9 du code de l'action sociale et des familles. La condition prévue à l'article L. 313-2 du présent code n'est pas exigée. Cette autorisation provisoire de séjour ouvre droit à l'exercice d'une activité professionnelle. Elle est renouvelée pendant toute la durée du parcours de sortie de la prostitution et d'insertion sociale et professionnelle, sous réserve que les conditions prévues pour sa délivrance continuent d'être satisfaites. » ;
3° L'article L. 316-2 est ainsi modifié :
a) A la fin de la première phrase, la référence : « de l'article L. 316-1 » est remplacée par les références : « des articles L. 316-1 et L. 316-1-1 » ;
b) Après la référence : « L. 316-1 », la fin de la seconde phrase est ainsi rédigée : « et de l'autorisation provisoire de séjour mentionnée à l'article L. 316-1-1 ainsi que les modalités de protection, d'accueil et d'hébergement de l'étranger auquel cette carte ou cette autorisation provisoire de séjour est accordée. »

Article 9

I. - Le code de la sécurité sociale est ainsi modifié :
1° A la première phrase du second alinéa du VII de l'article L. 542-2 et à la première phrase du second alinéa de l'article L. 831-4-1, après le mot : « défavorisées », sont insérés les mots : « ou par une association agréée en application de l'article L. 121-9 du code de l'action sociale et des familles » et, après la référence : « L. 851-1 », sont insérés les mots : « du présent code » ;
2° A la première phrase du premier alinéa du I de l'article L. 851-1, après la première occurrence du mot : « défavorisées », sont insérés les mots : « , les associations agréées en application de l'article L. 121-9 du code de l'action sociale et des familles ».
II. - Au 3° de l'article L. 345-2-6 et au premier alinéa de l'article L. 345-2-7 du code de l'action sociale et des familles, après le mot : « défavorisées », sont insérés les mots : « et les associations agréées en application de l'article L. 121-9 du présent code ».
III. - A la deuxième phrase du second alinéa du III de l'article L. 351-3-1 du code de la construction et de l'habitation, après le mot : « défavorisées », sont insérés les mots : « ou par une association agréée en application de l'article L. 121-9 du code de l'action sociale et des familles ».

Article 10

A l'avant-dernier alinéa de l'article L. 345-1 du code de l'action sociale et des familles, après le mot : « humains », sont insérés les mots : « , du proxénétisme et de la prostitution ».

Article 11

Le code pénal est ainsi modifié :
1° Après le 5° ter des articles 222-3, 222-8, 222-10, 222-12 et 222-13, il est inséré un 5° quater ainsi

rédigé :
« 5° quater Sur une personne qui se livre à la prostitution, y compris de façon occasionnelle, si les faits sont commis dans l'exercice de cette activité ; »
2° L'article 222-24 est complété par un 13° ainsi rédigé :
« 13° Lorsqu'il est commis, dans l'exercice de cette activité, sur une personne qui se livre à la prostitution, y compris de façon occasionnelle. » ;
3° L'article 222-28 est complété par un 9° ainsi rédigé :
« 9° Lorsqu'elle est commise, dans l'exercice de cette activité, sur une personne qui se livre à la prostitution, y compris de façon occasionnelle. »

Article 12

Au dernier alinéa du 2° de l'article 706-3 du code de procédure pénale, après la référence : « 225-4-5 », sont insérées les références : « , 225-5 à 225-10 ».

Article 13

I.-L'article 2-22 du code de procédure pénale est ainsi rédigé :

« Art. 2-22.-Toute association régulièrement déclarée depuis au moins cinq ans à la date des faits dont l'objet statutaire comporte la lutte contre l'esclavage, la traite des êtres humains, le proxénétisme ou l'action sociale en faveur des personnes prostituées peut exercer les droits reconnus à la partie civile en ce qui concerne les infractions réprimées par les articles 224-1 A à 224-1 C, 225-4-1 à 225-4-9, 225-5 à 225-12-2, 225-14-1 et 225-14-2 du code pénal, lorsque l'action publique a été mise en mouvement par le ministère public ou la partie lésée. Toutefois, l'association n'est recevable dans son action que si elle justifie avoir reçu l'accord de la victime. Si celle-ci est un mineur ou un majeur protégé, l'accord est donné par son représentant légal.
« Si l'association mentionnée au premier alinéa du présent article est reconnue d'utilité publique, son action est recevable y compris sans l'accord de la victime.»
II.-La loi n° 75-229 du 9 avril 1975 habilitant les associations constituées pour la lutte contre le proxénétisme à exercer l'action civile est abrogée.

Article 14

Au troisième alinéa de l'article 306 du code de procédure pénale, après le mot : « sexuelles, », sont insérés les mots : « de traite des êtres humains ou de proxénétisme aggravé, réprimé par les articles 225-7 à 225-9 du code pénal,».

- Section 2 : Dispositions portant transposition de l'article 8 de la directive 2011/36/UE du Parlement européen et du Conseil du 5 avril 2011 concernant la prévention de la traite des êtres humains et la lutte contre ce phénomène ainsi que la protection des victimes et remplaçant la décision-cadre 2002/629/JAI du Conseil

Article 15

L'article 225-10-1 du code pénal est abrogé.

Article 16

I. - Le code pénal est ainsi modifié :
1° A la première phrase du 2° du I de l'article 225-20, la référence : « 225-10-1, » est supprimée ;
2° A l'article 225-25, les mots : « , à l'exception de celle prévue par l'article 225-10-1, » sont supprimés.
II. - Au 5° de l'article 398-1 et au 4° du I de l'article 837 du code de procédure pénale, la référence : « 225-10-1, » est supprimée.

- Chapitre III : Prévention et accompagnement vers les soins des personnes prostituées pour une prise en charge globale

Article 17

Le livre Ier de la première partie du code de la santé publique est complété par un titre VIII ainsi rédigé :

« Titre VIII
« RÉDUCTION DES RISQUES RELATIFS À LA PROSTITUTION

« Art. L. 1181-1.-La politique de réduction des risques en direction des personnes prostituées consiste à

prévenir les infections sexuellement transmissibles ainsi que les autres risques sanitaires, les risques sociaux et psychologiques liés à la prostitution.
« Les actions de réduction des risques sont conduites selon des orientations définies par un document national de référence approuvé par décret. »

- **Chapitre IV : Prévention des pratiques prostitutionnelles et du recours à la prostitution**

Article 18

Après l'article L. 312-17-1 du code de l'éducation, il est inséré un article L. 312-17-1-1 ainsi rédigé :

« Art. L. 312-17-1-1.-Une information sur les réalités de la prostitution et les dangers de la marchandisation du corps est dispensée dans les établissements secondaires, par groupes d'âge homogène. La seconde phrase de l'article L. 312-17-1 du présent code est applicable.»

Article 19

Le premier alinéa de l'article L. 312-16 du code de l'éducation est ainsi modifié :
1° Après la première phrase, sont insérées deux phrases ainsi rédigées :
« Ces séances présentent une vision égalitaire des relations entre les femmes et les hommes. Elles contribuent à l'apprentissage du respect dû au corps humain. » ;
2° Au début de la deuxième phrase, les mots : « Ces séances pourront » sont remplacés par les mots : « Elles peuvent » ;
3° A la dernière phrase, le mot : « pourront » est remplacé par le mot : « peuvent ».

- **Chapitre V : Interdiction de l'achat d'un acte sexuel**

Article 20

I.-Au livre VI du code pénal, il est inséré un titre unique ainsi rédigé :

« Titre UNIQUE
« DU RECOURS À LA PROSTITUTION

« Art. 611-1.-Le fait de solliciter, d'accepter ou d'obtenir des relations de nature sexuelle d'une personne qui se livre à la prostitution, y compris de façon occasionnelle, en échange d'une rémunération, d'une promesse de rémunération, de la fourniture d'un avantage en nature ou de la promesse d'un tel avantage est puni de l'amende prévue pour les contraventions de la cinquième classe.
« Les personnes physiques coupables de la contravention prévue au présent article encourent également une ou plusieurs des peines complémentaires mentionnées à l'article 131-16 et au second alinéa de l'article 131-17. »

II.-La section 2° bis du chapitre V du titre II du livre II du même code est ainsi modifiée :
1° Après le mot : « prostitution », la fin de l'intitulé est supprimée ;
2° L'article 225-12-1 est ainsi rédigé :

« Art. 225-12-1.-Lorsqu'il est commis en récidive dans les conditions prévues au second alinéa de l'article 132-11, le fait de solliciter, d'accepter ou d'obtenir des relations de nature sexuelle d'une personne qui se livre à la prostitution, y compris de façon occasionnelle, en échange d'une rémunération, d'une promesse de rémunération, de la fourniture d'un avantage en nature ou de la promesse d'un tel avantage est puni de 3 750 € d'amende.
« Est puni de trois ans d'emprisonnement et de 45 000 € d'amende le fait de solliciter, d'accepter ou d'obtenir, en échange d'une rémunération, d'une promesse de rémunération, de la fourniture d'un avantage en nature ou de la promesse d'un tel avantage, des relations de nature sexuelle de la part d'une personne qui se livre à la prostitution, y compris de façon occasionnelle, lorsque cette personne est mineure ou présente une particulière vulnérabilité, apparente ou connue de son auteur, due à une maladie, à une infirmité, à un handicap ou à un état de grossesse. » ;

3° Aux premier et dernier alinéas de l'article 225-12-2, après le mot : « peines », sont insérés les mots : « prévues au second alinéa de l'article 225-12-1 » ;
4° A l'article 225-12-3, la référence : « par les articles 225-12-1 et » est remplacée par les mots : « au second alinéa de l'article 225-12-1 et à l'article ».
III.-A la troisième phrase du sixième alinéa de l'article L. 421-3 du code de l'action sociale et des familles, la référence : « 225-12-1 » est remplacée par les références : « au second alinéa de l'article 225-12-1 et aux articles 225-12-2 ».

Article 21

I. - Le code pénal est ainsi modifié :
1° Après le 9° de l'article 131-16, il est inséré un 9° bis ainsi rédigé :
« 9° bis L'obligation d'accomplir, le cas échéant à ses frais, un stage de sensibilisation à la lutte contre l'achat d'actes sexuels ; »
2° Au premier alinéa de l'article 131-35-1, après le mot : « stupéfiants », sont insérés les mots : « , un stage de sensibilisation à la lutte contre l'achat d'actes sexuels » ;
3° Le I de l'article 225-20 est complété par un 9° ainsi rédigé :
« 9° L'obligation d'accomplir, le cas échéant à ses frais, un stage de sensibilisation à la lutte contre l'achat d'actes sexuels, selon les modalités fixées à l'article 131-35-1. »
II. - Le code de procédure pénale est ainsi modifié :
1° Au 2° de l'article 41-1, après le mot : « parentale », sont insérés les mots : « , d'un stage de sensibilisation à la lutte contre l'achat d'actes sexuels » ;
2° Après le 17° de l'article 41-2, il est inséré un 17° bis ainsi rédigé :
« 17° bis Accomplir, le cas échéant à ses frais, un stage de sensibilisation à la lutte contre l'achat d'actes sexuels ; ».

- Chapitre VI : Dispositions finales

Article 22

Le Gouvernement remet au Parlement un rapport sur l'application de la présente loi deux ans après sa promulgation. Ce rapport dresse le bilan :
1° De la lutte contre la traite des êtres humains et le proxénétisme et des actions de coopération européenne et internationale engagées par la France dans ce domaine ;
2° De la création de l'infraction de recours à l'achat d'actes sexuels prévue au premier alinéa des articles 225-12-1 et 611-1 du code pénal ;
3° De la mise en œuvre de l'article L. 121-9 du code de l'action sociale et des familles ;
4° Du dispositif d'information prévu à l'article L. 312-17-1-1 du code de l'éducation ;
5° Du dispositif de protection prévu à l'article 706-40-1 du code de procédure pénale.
Il présente l'évolution :
a) De la prostitution, notamment sur internet et dans les zones transfrontalières ;
b) De la situation sanitaire et sociale des personnes prostituées ;
c) De la situation, du repérage et de la prise en charge des mineurs victimes de la prostitution ;
d) De la situation, du repérage et de la prise en charge des étudiants se livrant à la prostitution ;
e) Du nombre de condamnations pour proxénétisme et pour traite des êtres humains.

Article 23

La présente loi est applicable à Wallis-et-Futuna, en Polynésie française et en Nouvelle-Calédonie.
La présente loi sera exécutée comme loi de l'Etat.

Fait à Paris, le 13 avril 2016.

François Hollande

Par le Président de la République :

Le Premier ministre,

Manuel Valls

La ministre de l'éducation nationale, de l'enseignement supérieur et de la recherche,

Najat Vallaud-Belkacem

Le ministre des finances et des comptes publics,

Michel Sapin

La ministre des affaires sociales et de la santé,

Marisol Touraine

Le garde des sceaux, ministre de la justice,

Chapitre 4

BULLETIN OFFICIEL DU MINISTÈRE DE LA JUSTICE

Circulaire du 18 avril 2016 de présentation des dispositions de droit pénal et de procédure pénale de la loi n°2016-444 du 13 avril 2016 visant à renforcer la lutte contre le système prostitutionnel et à accompagner les personnes prostituées
NOR : JUSD1610555C

Le garde des sceaux, ministre de la justice,

à

Pour attribution

Mesdames et messieurs les procureurs généraux près les cours d'appel
et le procureur de la République près le tribunal supérieur d'appel
Mesdames et messieurs les procureurs de la République

Pour information

Mesdames et messieurs les premiers présidents des cours d'appel
et le président du tribunal supérieur d'appel
Mesdames et messieurs les présidents des tribunaux de grande instance
Monsieur le membre national d'Eurojust pour la France

Date d'application : immédiate

Annexes : 2

La loi du 13 avril 2016 visant à renforcer la lutte contre le système prostitutionnel et à accompagner les personnes prostituées, issue d'une proposition de loi de l'Assemblée nationale, a été publiée au *Journal Officiel* du 14 avril 2016.

Cette loi comporte des dispositions de droit pénal (1) et de procédure (2) que la présente circulaire a pour objet de présenter.

1 - Disposition de droit pénal

1.1. Abrogation du délit de racolage

Les articles 15 et 16 de la loi ont abrogé le délit de racolage auparavant prévu par l'article 225-10-1 du code pénal.

Ces faits ne constituent donc plus une infraction pénale.

Les procédures en cours doivent donc être classées sans suite, ou, si les poursuites avaient été engagées, donner lieu à des relaxes motivées par l'extinction de l'action publique.

Conformément au deuxième alinéa de l'article 112-4 du code pénal, les peines prononcées du chef de racolage, infraction unique ou unique infraction pour laquelle ces peines étaient encourues, ne doivent pas ou plus être exécutées et ne doivent notamment pas être adressées au casier judiciaire.[1].

Il conviendra de prendre l'attache du chef de l'établissement pénitentiaire de votre ressort aux fins de mise en liberté des personnes écrouées à ce titre, l'attache du directeur départemental de la sécurité publique et du commandant du groupement de gendarmerie afin qu'il soit fait retour au parquet des extraits diffusés, de la préfecture et de la direction des finances publiques le cas échéant.

---

1 Pour mémoire, ce délit était puni des peines principales d'amende et d'emprisonnement ainsi que des peines complémentaires suivantes : Interdiction des droits civils, civiques et de famille, Interdiction d'exercer une activité professionnelle en lien avec l'infraction, Interdiction de séjour, Interdiction d'exploiter les établissements ouverts au public spécifiés par le jugement, Interdiction de détention ou port d'arme, Interdiction de quitter le territoire, Interdiction d'exercer une activité professionnelle ou bénévole impliquant un contact habituel avec des mineurs, Stage de responsabilité parentale, Interdiction du territoire français

De même, il conviendra de faire cesser l'inscription des personnes condamnées au FPR.

Une attention particulière devra par ailleurs être apportée aux conséquences de cette loi quant à la révocation des sursis simples ou avec mise à l'épreuve :
- Une peine avec sursis prononcée en répression du délit de racolage, infraction unique ou unique infraction pour laquelle cette peine était encourue, ne peut plus faire l'objet d'une révocation ;
- Une peine prononcée en répression du délit de racolage, infraction unique ou unique infraction pour laquelle cette peine était encourue, ne peut pas justifier, à compter de l'entrée en vigueur de la loi, la révocation du sursis antérieurement accordés.

1.2. Aggravation des peines en cas de violences, de viols et d'agressions sexuelles contre les personnes prostituées

L'article 11 complète les articles 222-3, 222-8, 222-10, 222-12, 222-13, 222-24 et 222-28 réprimant les violences contre les personnes, les viols et les agressions sexuelles par des alinéas aggravant les peines encourues lors ces infractions sont commises sur une personne qui se livre à la prostitution, y compris de façon occasionnelle, si les faits sont commis dans l'exercice de cette activité.

Ces dispositions plus sévères sont applicables aux faits commis à compter du 15 avril 2016.

Il appartiendra aux magistrats du ministère public de retenir cette circonstance aggravante à chaque fois qu'elle sera constituée.

1.3. Création de l'infraction d'achat d'acte sexuel

L'article 20 de la loi crée une nouvelle infraction de recours à la prostitution définie comme le fait de solliciter, d'accepter ou d'obtenir des relations de nature sexuelle d'une personne qui se livre à la prostitution, y compris de façon occasionnelle, en échange d'une rémunération, d'une promesse de rémunération, de la fourniture d'un avantage en nature ou de la promesse d'un tel avantage.

Ces faits constituent :
- une contravention de la cinquième classe réprimée par l'article 611-1 du code pénal.
- un délit puni de 3 750 € d'amende par le nouveau premier alinéa de l'article 225-12-1 du code pénal, lorsqu'ils sont commis en récidive dans les conditions prévues au second alinéa de l'article 132-11 de ce code.

Ces faits sont donc désormais sanctionnés quel que soit l'âge ou la situation de la personne prostituée, et non plus uniquement, comme précédemment, lorsque cette personne est mineure ou particulièrement vulnérable, cas dans lesquels les faits demeurent punis de trois ans d'emprisonnement par l'article 225-12-1 (désormais deuxième alinéa) du code pénal.

Cette infraction n'étant pas punie de peine d'emprisonnement, elle ne permet donc pas le placement en garde à vue de leur auteur, mais permet de procéder à des contrôles et des vérifications et des contrôles d'identité en application des articles 78-1 et suivants du code de procédure pénale.

La contravention, mais non le délit, pourra être poursuivie selon la procédure de l'ordonnance pénale. Le délit relève par ailleurs de la compétence du juge unique.

Les personnes physiques coupables de la contravention encourent également une ou plusieurs des peines complémentaires mentionnées à l'article 131-16 et au second alinéa de l'article 131-17, soit l'ensemble des peines complémentaires contraventionnelles, dont la nouvelle peine de stage (cf *infra*).

Il peut être observé que la définition même de l'achat d'acte sexuel a été légèrement élargie par rapport à celle qui figurait auparavant dans l'article 225-12-1. A la notion d'échange d'une rémunération ou d'une promesse de rémunération, seule prévue auparavant, a été ajoutée la notion de fourniture d'un avantage en nature ou de la promesse d'un tel avantage.

Chapitre 4

BULLETIN OFFICIEL DU MINISTÈRE DE LA JUSTICE

1.4. Création de la peine de stage de sensibilisation à la lutte contre l'achat d'actes sexuels

L'article 21 de la loi créé une nouvelle peine, consistant dans l'obligation d'accomplir, un stage de sensibilisation à la lutte contre l'achat d'actes sexuels.

Cette peine est prévue en matière contraventionnelle, (9° bis de l'article 131-16 du code pénal) et délictuelle (article 131-35-1 de code).

Ce stage est également prévu dans le code de procédure pénale comme alternative aux poursuites de l'article 41-1 et comme mesure de la composition pénale (17° bis de l'article 41-2).

Ces dispositions ne sont pas applicables immédiatement, car elles doivent être précisées par un décret d'application. Par ailleurs, la durée et le coût de ce stage, comme de toutes les peines de stage, seront fixés par une disposition générale de la loi renforçant la lutte contre le crime organisé, le terrorisme et leur financement, et améliorant l'efficacité et les garanties de la procédure pénale, qui est actuellement en discussion devant le parlement.

1.5. Peine de confiscation des biens ayant servi à la commission des infractions de traite des êtres humains

L'article 7 de la loi a modifié l'article 225-24 du code pénal afin que la peine complémentaire des biens ayant servi à commettre l'infraction ou qui en sont le produit, prévue en matière de proxénétisme, s'applique également aux infractions de traite des êtres humains.

Ce même article a en effet créé, au sein du budget de l'État, un fonds pour la prévention de la prostitution et l'accompagnement social et professionnel des personnes prostituées, dont les ressources seront notamment constituées par les recettes provenant de la confiscation des biens et produits prévue au 1° de l'article 225-24 du code pénal.

2 - Dispositions de procédure pénale

2.1. Constitution de partie civile des associations

L'article 13 a réécrit l'article 2-22 du code de procédure pénale.

Celui-ci dispose désormais que toute association régulièrement déclarée depuis au moins cinq ans à la date des faits dont l'objet statutaire comporte la lutte contre l'esclavage, la traite des êtres humains, le proxénétisme ou l'action sociale en faveur des personnes prostituées peut exercer les droits reconnus à la partie civile en ce qui concerne les infractions réprimées par les articles 224-1 A à 224-1 C, 225-4-1 à 225-4-9, 225-5 à 225-12-2, 225-14-1 et 225-14-2 du code pénal, lorsque l'action publique a été mise en mouvement par le ministère public ou la partie lésée.

Il est précisé que l'association n'est cependant recevable dans son action que si elle justifie avoir reçu l'accord de la victime. Si celle-ci est un mineur ou un majeur protégé, l'accord est donné par son représentant légal.

Le dernier alinéa de l'article précise toutefois que si l'association mentionnée au premier alinéa du présent article est reconnue d'utilité publique, son action est recevable y compris sans l'accord de la victime.

Le législateur a ainsi intégré dans l'article 2-22 les dispositions qui figuraient dans la loi n° 75-229 du 9 avril 1975 habilitant les associations constituées pour la lutte contre le proxénétisme à exercer l'action civile, loi qui a été abrogée par coordination.

2.2. Protection des victimes

L'article 3 de la loi a inséré dans le code de procédure pénale un article 706-40-1 prévoyant que les personnes victimes de l'une des infractions prévues aux articles 225-4-1 à 225-4-6 et 225-5 à 225-10 du code pénal, ayant contribué par leur témoignage à la manifestation de la vérité et dont la vie ou l'intégrité physique est gravement mise en danger sur le territoire national, peuvent faire l'objet en tant que de besoin de la protection destinée à assurer leur sécurité prévue à l'article 706-63-1 du code de procédure pénale, applicable aux « repentis ».

BULLETIN OFFICIEL DU MINISTÈRE DE LA JUSTICE

Il est précisé que ces dispositions sont également applicables aux membres de la famille et aux proches des personnes ainsi protégées.

Ces dispositions ne sont pour l'instant pas encore applicables, dans la mesure où elles nécessitent de procéder à des modifications dans le décret d'application de l'article 706-63-1 concernant les repentis.

L'article 706-40-1 précise par ailleurs que lorsqu'il est fait application à ces personnes des dispositions de l'article 706-57 relatives à la déclaration de domicile, elles peuvent également déclarer comme domicile l'adresse de leur avocat ou d'une association de lutte contre la prostitution mentionnée à l'article 2-22, précisions qui ne font que consacrer ce que permettait déjà le code de procédure pénale.

Il convient enfin de préciser que la protection accordée par ces dispositions aux personnes prostituées n'interdit nullement, comme l'indique expressément le dernier alinéa de l'article, de leur appliquer l'article 62 permettant la comparution forcée des témoins.

2.3. Huis clos devant les assises

L'article 14 de la loi a complété l'article 306 du code de procédure pénale afin d'étendre la possibilité de huis clos aux assises, de droit à la demande de la victime, aux cas de traite des êtres humains ou de proxénétisme aggravé, réprimé par les articles 225-7 à 225-9 du code pénal.

2.4. Indemnisation par les CIVI

L'article 12 de la loi a complété le 2° de l'article 706-3 du code de procédure pénale, afin d'étendre le droit de la victime, sans condition de ressources, à une indemnisation intégrale de son préjudice, aux infractions de proxénétisme prévu par les articles 225-5 à 225-10 du code pénal, comme c'était déjà le cas pour les infractions de traite des êtres humains.

***

Je vous saurais gré de bien vouloir veiller à la diffusion de la présente circulaire aux magistrats du siège et du parquet des juridictions de votre ressort et de m'informer des éventuelles difficultés susceptibles de résulter de sa mise en œuvre.

Pour le garde des sceaux, par délégation,
Le directeur des affaires criminelles et des grâces,

Robert GELLI

L'EXPRESS-05 avril 2017- Prostitution: la pénalisation des clients va-t-elle être coûteuse et inutile? DOCUMENT 03

L'Assemblée nationale a adopté ce mercredi le projet de loi qui pénalise les clients de prostituées. Une infraction difficile à prouver pour policiers et magistrats, qui doutent de la mise en application concrète de la loi.

<u>Sanctionner les clients</u> plutôt que les prostituées. Après deux ans et demi de vifs débats, l'Assemblée nationale a adopté ce mercredi la **proposition de loi renforçant la lutte contre la prostitution**. Concrètement, **est puni** "le fait de solliciter, d'accepter ou d'obtenir des relations de nature sexuelle d'une personne qui se livre à la prostitution, y compris de façon occasionnelle, en échange d'une rémunération, d'une promesse de rémunération, de la fourniture d'un avantage en nature ou de la promesse d'un tel avantage." Les clients risquent une amende de 1500 euros, et jusqu'à 3500 euros en cas de récidive.

Voilà pour la théorie. Mais dans les faits, comment cette loi va être appliquée et ces contraventions de cinquième classe dressées? Acteurs du monde judiciaire et policier, tous sont sceptiques sur ce point. "Cette loi ne changera pas grand chose, estime Nicolas Gardères, avocat du collectif '**Droits et prostitution**'. Ce sera extrêmement difficile à mettre en œuvre notamment pour avoir la preuve de la réalité de la transaction et de l'acte sexuel." Car c'est bien la rémunération de relations sexuelles qui est sanctionnée par la loi.

"Est-ce la priorité?"

"Pour constater l'infraction, il va falloir planquer, consacrer du temps de surveillance puis de procédure", complète Céline Berthon, secrétaire générale du Syndicat des commissaires de la police nationale. Dans un contexte sécuritaire post-**attentats** très exigeant en ce moment pour les policiers, est-ce la priorité? "Je n'en suis pas certaine. Or, comme lors de toute création d'incrimination, pour qu'elle ait du sens, il faut qu'elle soit sanctionnée."

Ce scepticisme côté policier n'est pas nouveau. En 2014 déjà, Yann Sourisseau, commissaire de police et chef de l'Office central pour la répression de la traite des êtres humains était **entendu au Sénat**. Prenant l'exemple de la **Suède, qui pénalise les clients de prostituées depuis 1999**, il expliquait: "Les Suédois procèdent simplement: ils rentrent dans les chambres d'hôtel. Mais un officier de police judiciaire est obligé de respecter les procédures et de quel droit pourrait-il préjuger les relations entre deux personnes qui sont dans un hôtel? Et comment pénétrer dans une chambre sans porter atteinte aux libertés individuelles, au respect de la vie privée?" Sa conclusion était assez claire: "Si on pénalisait les clients des prostituées, cette mesure serait pratiquement inapplicable."

De rares poursuites?
Avant d'arriver devant un juge, le chemin est long. La loi va permettre de poursuivre les clients. Mais est-ce que ça va être fait? "Cela va dépendre d'abord du choix du préfet de mettre de l'effectif policier pour rechercher ce type d'infraction. Après, les policiers peuvent se déployer sur le terrain pour empêcher les actes sans pour autant attraper les clients", détaille Marion Lagaillarde, secrétaire nationale du Syndicat de la magistrature, hostile à la loi.

Si l'infraction est déterminée par la police, elle va arriver alors sur le bureau du procureur de la République, là encore plusieurs possibilités s'offrent à lui. "Il peut décider de classer sans suite, de demander aux policiers de faire eux-mêmes le rappel à la loi ou enfin d'amener cette infraction devant le tribunal de police." Et la magistrate de citer les cas de clients ayant **recours à des prostituées mineures**, qui représente déjà un délit à l'heure actuelle: "Or, les poursuites sont extrêmement rares." De là à prédire le même sort à la loi PS, il n'y a qu'un pas.

"Aberration juridique"
Alors que même le garde des Sceaux, Jean-Jacques Urvoas, parlait dans le *JDD* ce week-end d'une **justice "sinistrée"** et "à bout de souffle", la question des moyens se pose par ailleurs. "Ces contraventions risquent d'être très contestées, ce qui signifie une audience au tribunal de police, des plaidoiries d'avocats, et un travail du greffier en amont", commente pour L'Express Véronique Léger de l'Union syndicale des magistrats. "Nous regrettons que cette nouvelle création d'une infraction pénale ne s'accompagne pas d'une étude d'impact. Les parlementaires ne se soucient pas de l'effectivité des lois qu'ils votent et de la charge de travail supplémentaire qui va être induite."

Des services de police et magistrats débordés face à une tâche compliquée et sans moyens supplémentaires: le constat est sans appel.

Reste un paradoxe pointé par maître Nicolas Gardères, auteur d'une tribune dans ***Le Figaro***:

"Les prostituées vont payer des impôts sur la base d'une infraction pénale." La suppression du délit de racolage rend en effet l'activité de prostitution "légale". Une "aberration juridique" contre laquelle il se bat pour que cette loi n'entre pas en vigueur. Pour cela, il faut que 60 parlementaires saisissent le Conseil constitutionnel.

LIBERATION, 03 avril 2017, « La pénalisation des clients nuit aux travailleurs du sexe ». DOCUMENT 04

En avril 2016, l'Assemblée nationale adoptait la proposition de loi «de lutte contre le système prostitutionnel» qui pénalise les clients. Le bilan un an après est loin d'être concluant.

Depuis l'adoption de la loi antiprostitution, il y a près d'un an, nos associations ne cessent de constater ses effets délétères. Précarisation, insécurité et impacts négatifs sur la santé sont désormais le lot quotidien des travailleurs du sexe.

Le premier effet néfaste est la baisse de revenus des travailleurs du sexe. Les tensions sur le terrain sont plus fortes, le stress s'est accru et le rapport de force s'est inversé en faveur des clients. Le prix des passes a diminué, obligeant ainsi à travailler plus longtemps et à «faire» plus de clients. Cette précarisation est, à tort, utilisée comme une preuve du succès de la loi par ses défenseurs qui parient sur son effet dissuasif. Or, les travailleurs du sexe n'ont pas changé de métier du jour au lendemain. Leur nombre n'a pas diminué et la répression n'a eu aucune efficacité contre la traite et l'exploitation.

L'importante augmentation du nombre d'agressions signalées constitue l'autre effet le plus significatif. Les clients sont moins nombreux, et parmi les personnes qui fréquentent les lieux de travail sexuel, certaines tentent de profiter du désarroi général en se faisant passer pour des clients. Les travailleurs du sexe sont poussés à prendre plus de risques en acceptant des hommes potentiellement dangereux, se rendant dans des endroits plus isolés, à l'abri du regard policier, et dans un contexte de stress plus propice aux agressions.

Enfin, concernant la santé, des témoignages fréquents de rapports sans préservatif nous sont rapportés.

La pénalisation crée des phénomènes de déplacements qui font perdre aux associations le contact avec des travailleurs du sexe de plus en plus mobiles. Certaines personnes ne sont plus correctement suivies tandis que d'autres interrompent leurs traitements médicaux et préventifs. Le travail de prévention, les services de dépistage, d'accès aux traitements et d'accompagnement sur le long terme sont plus difficiles à mettre en œuvre.

Le monde scientifique et de la lutte contre le sida a déjà documenté les conséquences négatives sur la santé. D'autres études évoquent la possibilité de réduire l'infection au VIH de 33 % à 46 % grâce à la décriminalisation du travail sexuel

L'étude la plus récente parue dans *The Lancet* le 24 janvier montre des disparités importantes de prévalence VIH entre pays européens selon qu'ils pénalisent ou non le travail sexuel. Tandis qu'en Corée du Sud, des chercheurs ont trouvé une corrélation entre la pénalisation des clients et une augmentation des infections sexuellement transmissibles (1),en Nouvelle-Galles du Sud (Australie), aucun cas de transmission VIH n'a été répertorié depuis que le travail sexuel y a été dépénalisé, en 1995.

Face à ces constats, nous interpellons les candidats à la présidentielle sur la nécessité de reconsidérer nos politiques publiques régissant le travail sexuel en s'appuyant sur les preuves scientifiques, ainsi que les recommandations de nombreuses institutions internationales et françaises sur le sujet, en respectant la santé et les droits humains des travailleurs du sexe. Nous exigeons l'arrêt de la pénalisation du travail sexuel entre adultes consentants et de ses clients. C'est pourquoi nous appelons à une manifestation le samedi 8 avril.

(1) Y. Lee et Y. Jung (2009), «The Correlation Between the New Prostitution Acts and Sexually Transmitted Diseases in Korea», *The Korean Journal of Policy Studies*.

SIGNATAIRES : Aurélien Beaucamp, président de AIDES; Docteur Françoise Sivignon, Présidente de Médecins du Monde; Jean Luc Roméro, président d'Élus Locaux contre le sida; Océane Rosemarie, humoriste et comédienne; Brigitte Sy, réalisatrice; Annie Lahmer, conseillère régionale Ile-de-France; Eve Plenel, militante lutte contre le VIH; Frédérique Menant, réalisatrice; Isabelle Cambroukis, éditrice; Hélène Hazéra, productrice radio sur France Culture & «ex-putain»; Sam MH Bourcier, universitaire Lille-3; Noomi B Grusi traductrice; Mylène Juste, secrétaire générale du STRASS; Séverine Oriol, présidente de Grisélidis; Sergio Coronado, député; Esther Benbassa, sénatrice EELV du Val-de-Marne et universitaire; Rokhaya Diallo, journaliste et auteure; Fania Noel, militante afroféministe; Ovidie, réalisatrice & ancienne actrice porno ; Mikaël Zenouda, Président d'Act Up-Paris; Laure Pora, Ancienne pésidente d'Act Up-Paris; Véronique Séhier et Caroline Rebhi, coprésidentes du Planning Familial; Sabine LI, présidente de Cabiria; Richard Yung, Sénateur; Corine Faugeron, coresponsable de la commission Féminisme EELV

Un groupe de médecins

DOCUMENT 05 - Communiqué du Préfet de la Région Île de France

Actualité

Lutte contre les violences faites aux femmes : sortir de la prostitution

Mise à jour : 26 novembre 2018

La loi du 13 avril 2016 visant à renforcer la lutte contre le système prostitutionnel et à accompagner les personnes prostituées représente une avancée majeure pour la protection des victimes de prostitution.

Outre la pénalisation de l'achat d'acte sexuel et l'abrogation du délit de racolage, la loi attache une grande importance à la protection des victimes et à leur insertion sociale et professionnelle. Un parcours de sortie de la prostitution et d'insertion sociale et professionnelle (PSP) a ainsi été créé pour aider les personnes qui le souhaitent à quitter la prostitution.

Le parcours de sortie de la prostitution et d'insertion sociale et professionnelle

L'entrée dans ce parcours, ouvert à toute personne majeure victime de prostitution, conditionne l'ouverture de droits spécifiques en matière d'accès au séjour pour les personnes étrangères et la perception d'une aide financière pour les personnes non éligibles aux minimas sociaux. Elle leur permet également de bénéficier d'un accompagnement renforcé.

Afin d'accompagner les personnes dans cette démarche, des associations agréées sont chargées de participer à l'élaboration et à la mise en œuvre du parcours de sortie. À Paris, 7 associations ont été agréées à cet effet et au moins une association agréée est présente dans chacun des autres départements franciliens.

Le décret du 28 octobre 2016 prévoit également la mise en place d'une commission départementale de lutte contre la prostitution, le proxénétisme et la traite des êtres humains aux fins d'exploitation sexuelle. Présidée par le préfet, elle coordonne l'action en faveur des personnes prostituées et rend un avis sur les parcours de sortie proposés par les associations agréées. A Paris, cette commission est co-présidée par le Préfet de Paris et le Préfet de police.

En Île-de-France, une commission a été mise en place dans chacun des 8 départements ce qui a permis, à ce jour, d'inscrire 57 personnes dans des parcours de sortie.

Pour assurer un suivi efficace, le parcours de sortie est autorisé pour une durée de 6 mois, renouvelable 4 fois. En Île-de-France, 8 personnes ont d'ores et déjà quitté le dispositif.

Formation, sensibilisation et prévention de la récidive

Dans le cadre de la loi du 13 avril 2016, la Préfecture de la région d'Ile-de-France finance des actions de prévention des pratiques prostitutionnelles et de recours à la prostitution, qui permettent d'informer et de sensibiliser **plusieurs centaines de personnes** chaque année, qu'il s'agisse du grand public ou des jeunes, car la prostitution touche aussi des mineur.e.s.

La Préfecture d'Ile-de-France soutient également des formations permettant **à plus de 150 professionnels franciliens** chaque année de mieux comprendre le phénomène prostitutionnel et de renforcer leurs compétences sur la prise en charge de ce public vulnérable, aux besoins sanitaires, sociaux, administratifs... parfois très importants.

Des guides et fiches réflexes, destinés aux professionnels, ont été diffusés dans l'ensemble des départements franciliens.

Des **stages de responsabilisation** pour les personnes condamnées pour achat d'acte sexuel ont commencé à être mis en place.

Chiffres clés
- Environ 30 000 personnes sont prostituées en France.
- 85 % d'entre elles sont des femmes
- 93 % sont étrangères
- 51 % des personnes prostituées ont subi des violences physiques dans le cadre de la prostitution (au cours des 12 mois précédent l'enquête), 64 % des insultes et/ou des actions d'humiliation ou stigmatisation.
- 38 % des personnes prostituées sont subi un viol au cours de leur vie (ce taux est de 6,8 % dans la population générale)
- 29 % des personnes prostituées ont eu des pensées suicidaires au cours des 12 derniers mois

(source : Lettre N°7 de l'Observatoire national des violences faites aux femmes « Prostitution en France : ampleur du phénomène et impact sur les personnes prostituées », octobre 2015)

DOCUMENT 6 - FIGARO, 06 avril 2017 «Loi sur la prostitution:un bilan mitigé»

Par **Agnès Leclair**, le 06/04/2017

Un an après l'adoption du texte qui pénalise les clients et abroge le délit de racolage, les associations soulignent de nombreux effets néfastes.

Le 6 avril 2016, la France bouleversait sa politique en matière de prostitution, en adoptant **une loi pour pénaliser les clients de prostituées** et abroger le délit de racolage. Une rupture historique dans la lutte contre «le plus vieux métier du monde». Un an plus tard, ce texte abolitionniste censé «tout changer» a-t-il porté ses fruits?

Les forces de l'ordre se montraient très sceptiques sur son application, et notamment sur la pénalisation des clients par une amende de 1500 euros. En un an, 804 personnes ont été verbalisées par la police ou la gendarmerie, tandis que plus aucune prostituée n'a été arrêtée pour délit de racolage. Un chiffre qui prouve que le texte a commencé à s'appliquer même s'il s'agit d'une goutte d'eau sur un territoire comptant environ 37. 000 personnes prostituées.

«La loi est devenue une réalité», se félicite le collectif «Abolition 2012», composé de 62 associations féministes et contre la prostitution. «On ne peut pas parler de phénomène massif, mais c'est un bon chiffre, décrypte Grégoire Théry, de l'association abolitionniste **Le Mouvement du nid**. Mais il est avant tout dû à l'action de quelques procureurs volontaristes.»

Des procureurs comme celui de Fontainebleau, Guillaume Lescaux, premier à s'emparer du texte et bien décidé à s'en servir pour lutter contre la prostitution aux abords de la forêt.

«Une cinquantaine de clients ont déjà été contrôlés. S'ils ne reconnaissent pas les faits, ils sont convoqués à une audience publique qui leur fait prendre le risque de s'afficher comme client de prostitué.

La plupart choisissent donc de reconnaître les faits pour rester discrets, explique-t-il. On leur remet une ordonnance pénale et on leur propose un stage de citoyenneté. Ce moment de pédagogie me semble plus utile qu'une amende. Jusqu'à présent, nous n'avons pas constaté de récidive.» Près de 70 prostituées bulgares, roumaines, nigérianes ou camerounaises, plus rarement françaises, restent cependant toujours postées sur les grands axes de la forêt. Un nombre qui n'aurait que très faiblement diminué en un an.

David Alberto, du syndicat Synergie Officiers «Les clients sont peut-être plus craintifs par peur de l'amende, mais la philosophie de la loi nous semble toujours illusoire. Tarir la demande pour tarir l'offre, c'est un trompe-l'œil, de la poudre aux yeux. Il aurait mieux valu accorder des moyens supplémentaires pour couper les ailes des réseaux de prostitution, une mesure qui aurait eu beaucoup plus d'impact», pointe David Alberto, du syndicat Synergie Officiers.

«Cette loi se fonde sur un jugement moral et n'est pas très pragmatique», renchérit Yannick Le Bihan, directeur des opérations France de Médecins du monde. Opposée au texte, l'association déplore aujourd'hui une **précarisation des prostituées** travaillant dans la rue. «Avant, elles étaient en capacité de négocier, de refuser des prestations. Désormais, le rapport de forces est inversé. Les clients se font plus rares et c'est eux qui prennent les risques.

 Du coup, ils réclament des prestations à moindre coût - qui peuvent descendre jusqu'à 5 euros aujourd'hui - ou sans préservatif», alerte Audrey Kartner, une des responsables de l'association. Les travailleurs du sexe prennent également de plus en plus de risques en se prostituant dans des endroits isolés. Certains réorganisent leur activité sur Internet ou en appartement et paient des intermédiaires dont elles se passaient auparavant.»

Très remonté contre le texte, le Strass, syndicat du travail sexuel, organise une manifestation à Pigalle ce samedi pour réclamer l'abrogation de la loi, jugée coupable de l'aggravation des conditions de travail et de vie des travailleurs du sexe.

Le volet «social» du texte, son autre pilier, n'est cependant pas encore véritablement effectif.

Il prévoit de proposer aux volontaires un «parcours de sortie de la prostitution», notamment grâce à une allocation mensuelle, la prise en charge par une association et l'obtention d'un titre de séjour pour les personnes étrangères. «Il est donc difficile à ce stade de dire que la loi est un succès ou un échec», avertit Grégoire Théry.

Autre critique récurrente: la nouvelle loi ne permet pas le blocage administratif des sites de prostitution. Or ces derniers sont devenus «les plus gros proxénètes» en France aujourd'hui, dénonce le Mouvement du Nid, en guerre contre les sites comme le mastodonte Vivastreet, qui fait payer des annonces dont la nature laisse peu de doute.

«On évalue aujourd'hui à 25.000 le nombre de prostituées qui utilisent Internet en France et à 10.000 le nombre de celles qui sont dans la rue», chiffre Jean-Marc Droguet, le chef de l'Ocreth, l'Office central de répression de la traite des êtres humains.

Ce dernier s'apprête à dévoiler un bilan 2016 marqué par une augmentation de près de 40 % des démantèlements de réseaux de prostitution par son service.

Un bon chiffre qui ne devrait rien au nouveau texte. «Les moyens d'accroche des réseaux n'ont pas changé», souligne Jean-Marc Droguet.

L'EXPRESS, 05 avril 2017 «Prostitution:un an après, quel bilan?» - DOCUMENT 07

Un an après le vote de la loi instaurant la pénalisation des clients de prostituées, le collectif "Abolition 2012" s'est réjoui lundi que le texte ait été mis en application grâce à plusieurs décrets et soit devenu "réalité".

Un an après, c'est l'heure du premier bilan pour la loi instaurant la pénalisation des clients. Et c'est le collectif "Abolition 2012", regroupant 62 associations féministes ou luttant contre la prostitution, qui le dresse. Dans un communiqué diffusé lundi, le collectif explique que "cette loi historique (...) refonde ainsi, comme jamais depuis 1946, l'ensemble des politiques publiques françaises en matière de prostitution". Il "salue la détermination des quatre ministères qui, en moins d'un an, ont publié quatre décrets d'application (sur cinq) et deux circulaires".

Le 6 avril 2016, la France avait rejoint le camp des pays européens sanctionnant les clients de prostituées, une mesure avait fait l'objet de vifs débats et divisé la classe politique comme les associations d'aide aux prostituées. Les contrevenants à l'interdiction de "l'achat d'actes sexuels" sont désormais passibles d'une amende de 1500 euros, pouvant grimper à 3750 euros en cas de récidive. Une peine complémentaire peut être prononcée, sous la forme d'un stage de sensibilisation aux conditions de la prostitution.

804 personnes arrêtées en un an

"Alors que chaque année, plus de 1500 personnes prostituées étaient arrêtées au titre du délit de racolage, plus aucune personne prostituée n'a été interpellée pour ce motif après le 14 avril 2016", s'est satisfait le collectif. "Dès le 18 avril 2016", une circulaire a permis que "pour la première fois depuis 1939, les personnes prostituées ne (puissent) donc plus être réprimées pour leur activité", ajoute-t-il.

"Les premiers acheteurs de sexe ont été interpellés seulement quelques semaines après l'adoption de la loi", poursuit "Abolition 2012", qui évalue à 804 le nombre de personnes arrêtées. "Dans l'écrasante majorité des cas, les acheteurs de sexe ont reconnu les faits et payé une amende dans le cadre d'une composition pénale", écrit le collectif.

La pénalisation des clients était la mesure phare d'un texte plus global visant à renforcer la lutte contre le proxénétisme et favoriser les aides à sortir de la prostitution. "Abolition 2012" salue également la création de la "circonstance aggravante pour les violences physiques et sexuelles commises à l'encontre des personnes prostituées" et la délivrance désormais automatique "d'un titre de séjour pour les victimes de la traite des êtres humains qui coopèrent avec la justice". Enfin, le collectif réclame une augmentation des financements attribués aux associations afin de garantir "le succès des parcours de sortie de la prostitution".

DOCUMENT N°8 - **Principales dispositions juridiques de lutte contre la prostitution:**

Titre unique : Du recours à la prostitution

Article 611-1 du Code pénal

Créé par **LOI n°2016-444 du 13 avril 2016 - art. 20**

Le fait de solliciter, d'accepter ou d'obtenir des relations de nature sexuelle d'une personne qui se livre à la prostitution, y compris de façon occasionnelle, en échange d'une rémunération, d'une promesse de rémunération, de la fourniture d'un avantage en nature ou de la promesse d'un tel avantage est puni de l'amende prévue pour les contraventions de la 5e classe.

Les personnes physiques coupables de la contravention prévue au présent article encourent également une ou plusieurs des peines complémentaires mentionnées à l'article **131-16** et au second alinéa de l'article **131-17**.

Article 131-16 du Code Pénal

- Modifié par LOI n°2016-444 du 13 avril 2016 - art. 21

Le règlement qui réprime une contravention peut prévoir, lorsque le coupable est une personne physique, une ou plusieurs des peines complémentaires suivantes :

1° La suspension, pour une durée de trois ans au plus, du permis de conduire, cette suspension pouvant être limitée à la conduite en dehors de l'activité professionnelle sauf si le règlement exclut expressément cette limitation ;

2° L'interdiction de détenir ou de porter, pour une durée de trois ans au plus, une arme soumise à autorisation ;

3° La confiscation d'une ou de plusieurs armes dont le condamné est propriétaire ou dont il a la libre disposition ;

4° Le retrait du permis de chasser, avec interdiction de solliciter la délivrance d'un nouveau permis pendant trois ans au plus ;

5° La confiscation de la chose qui a servi ou était destinée à commettre l'infraction ou de la chose qui en est le produit ;

6° L'interdiction de conduire certains véhicules terrestres à moteur, y compris ceux pour la conduite desquels le permis de conduire n'est pas exigé, pour une durée de trois ans au plus ;

7° L'obligation d'accomplir, à ses frais, un stage de sensibilisation à la sécurité routière ;

8° L'obligation d'accomplir, le cas échéant à ses frais, un stage de citoyenneté ;

9° L'obligation d'accomplir, à ses frais, un stage de responsabilité parentale, selon les modalités fixées à **l'article 131-35-1** ;

9° bis L'obligation d'accomplir, le cas échéant à ses frais, un stage de sensibilisation à la lutte contre l'achat d'actes sexuels ;

10° La confiscation de l'animal ayant été utilisé pour commettre l'infraction ou à l'encontre duquel l'infraction a été commise ;

11° L'interdiction, pour une durée de trois ans au plus, de détenir un animal ;

12° Le retrait pour une durée d'un an au plus des titres de conduite en mer des navires de plaisance à moteur et, à l'encontre de toute personne embarquée sur un navire étranger, l'interdiction pour un an au plus de pratiquer la navigation dans les eaux territoriales ou les eaux intérieures maritimes françaises.

Article 131-17 du Code pénal:

Le règlement qui réprime une contravention de la 5e classe peut en outre prévoir la peine complémentaire d'interdiction, pour une durée de trois ans au plus, d'émettre des chèques autres que ceux qui permettent le retrait de fonds par le tireur auprès du tiré ou ceux qui sont certifiés.

Le règlement qui réprime une contravention de la 5e classe peut également prévoir, à titre de peine complémentaire, la peine de travail d'intérêt général pour une durée de vingt à cent vingt heures.

Chapitre 4

DOCUMENT 9: Document de l'association du Nid

Avec les personnes prostituées : L'accompagnement

L'accompagnement : soutenir les personnes prostituées et développer des alternatives

CHIFFRES CLÉS 2016
791 permanences tenues
9 002 visites dans nos locaux
746 personnes accompagnées
18 125 heures de bénévolat

Le Mouvement du Nid peut proposer aux personnes rencontrées, si elles le souhaitent, un accompagnement dans leurs démarches de réinsertion, en lien avec des partenaires spécialisés (emploi, formation, santé, logement), un soutien psychologique et un suivi durable. L'accompagnement s'inscrit dans le temps.

Il suppose la réappropriation par la personne de sa propre histoire, la libération d'une parole là où la prostitution imposait le silence. Il n'existe que dans le souci de la rendre actrice de son devenir. Le Mouvement du Nid joue un rôle de relais.

Il accorde une importance croissante au partenariat avec les associations, collectivités, administrations... Un partenariat fondé sur la spécificité des structures, la reconnaissance de leurs compétences et la cohérence des démarches, dans l'intérêt des personnes.

Pour de très nombreuses démarches, accompagner la personne « physiquement » est très important. Cela demande du temps, cela implique un coût et une grande disponibilité. Mais, nous constatons l'importance de cette démarche et son efficacité. En accompagnant la personne dans les services, elle ose la démarche, repère les lieux et les manières de faire, reprend confiance en elle-même et dans les différents services rencontrés pour entreprendre ces démarches seule.

VAL-DE-MARNE

Création d'une permanence spécifique

Jusqu'en 2016, la délégation du Val-de-Marne faisait de la rencontre, mais pas d'accompagnement. Lors des rencontres avec les personnes au Bois de Vincennes, nous leur donnions les coordonnées de la délégation de Paris, leur demandant d'appeler pour prendre rendez-vous. Nous nous sommes rendues compte que cette méthode ne permettait pas qu'elles se sentent à l'aise pour appeler et aller vers nos locaux d'Ile-de-France, car elles ne faisaient pas le lien entre la permanence et nous.

Deux militantes ont donc décidé d'ouvrir, tous les lundis après-midi, une permanence dans les locaux Ile-de-France. Cela a permis de dire aux personnes, qui peuvent appeler sur un numéro spécifique, « vous pouvez joindre directement Z ou S » – qu'elles connaissent – et les rencontrer à la permanence le lundi après-midi.

Pendant la permanence, nous menons principalement deux activités : entretiens individuels/aide aux démarches et un cours d'initiation au français, et de plus en plus, à quelques grandes connaissances du monde qui les entoure. Nous nous sommes en effet rendu compte que leur besoin est beaucoup plus vaste que celui de la seule langue, surtout pour répondre aux demandes administratives en France.

Ainsi, souvent, les décisions de la CNDA (Cour nationale du droit d'asile), affirment qu'elles ne sont pas crédibles, par exemple, qu'elles ne donnent pas l'impression de connaître leur pays. Nous avons compris que c'est surtout le signe d'une incompréhension totale de nos autorités de l'accès aux connaissances qu'elles ont pu avoir, dans des scolarités inexistantes, et un environnement social et culturel qui vise à les maintenir dans l'ignorance. Ainsi, pour elles, savoir où est le Nigéria en Afrique sur une carte, est d'autant plus difficile qu'elles n'ont jamais appris à quoi ressemblait l'Afrique !

Par ailleurs, trop souvent obligées de se débrouiller toutes seules par les réseaux, elles « codent » leurs parcours. Ainsi, l'une d'entre elles, B., répond très sincèrement, à la juge de la CNDA, à une question sur le lieu où elle a fait ses démarches. Pour elle, c'est « Mazimont »... comprendre « Max Dormoy », nom du métro où elle doit aller pour se rendre à France Terre d'Asile, l'endroit où la plupart sont domiciliées. Ou encore, l'une d'elles, avec qui nous avons un entretien dans les locaux de l'avenue Gambetta et à qui nous demandons si elle a vu d'autres associations avant nous, elle explique que oui, mais qu'ils n'ont rien pu faire. Puis se souvient qu'à l'audience de l'Ofpra, on lui avait donné un petit papier avec le nom d'une association spécifique sur la prostitution. Petit papier présent dans son dossier (elles ont en général des classeurs très bien rangés), et qui mentionne : le Mouvement du Nid, précisément à l'adresse où elle se trouve à ce moment-là !

Notre accompagnement consiste donc d'abord à être présentes, offrir un autre accueil que le contexte froid des institutions administratives et sociales habituelles. L'ambiance des cours est de plus en plus studieuse, tout en étant chaleureuse, et il n'est pas rare que nous voyons passer dans leurs yeux la lueur de la découverte de nouvelles connaissances. Ainsi, lorsqu'elles apprennent que des êtres humains sont, actuellement, en train de vivre dans l'espace, dans la station internationale (*you mean...*

Découverte de la géographie de l'Afrique

human beings ?), et mieux, que des personnes noires sont déjà allées dans l'espace (« *only white people can take such risk* » seuls des Blancs peuvent prendre des risques pareils, a été la première réaction de l'une d'elles).

Mais l'échange n'est pas à sens unique. Pour les militant.e.s qui animent ces ateliers, chaque après-midi passé avec elles est aussi un moment de découverte. Une invitation à l'humilité et à la nécessité, toujours renouvelée, d'être dans l'ouverture à l'autre.

Nous allons également avec elles, lorsque nous le pouvons, à leurs rendez-vous (avocat.e.s, cour, médecins) et nous les rencontrons en dehors des heures de la permanence pour recueillir leurs récits de vie. Enfin, une autre militante propose, chaque mercredi, un atelier créatif pour fabriquer des objets, comme des bracelets ou des sacs à main.

Partenariat avec « Cultures du Cœur »

À l'initiative d'une des militantes de la délégation, un partenariat a été conclu entre les délégations d'Ile-de-France et « Cultures du Cœur ». Cette association permet depuis 20 ans aux plus démunis de profiter de sorties culturelles : visites de musées, expositions, séances de spectacle, avec une vision : « Agir pour l'inclusion sociale et professionnelle des personnes en situation de précarité et/ou de vulnérabilité économique et sociale en favorisant le partage des biens communs que sont la culture, le sport, le loisir ». Grâce à ce partenariat, les personnes suivies par les délégations d'Ile-de-France peuvent s'inscrire et découvrir gratuitement les monuments, les musées parisiens. Des places sont également disponibles pour les bénévoles qui souhaitent les accompagner. « Cultures du Cœur » travaille sur la diversité des pratiques culturelles et la capacité des publics isolés à investir des lieux qui leur semblent « interdits ». Cultures du Coeur défend, au contraire, la mixité des publics dans les lieux culturels pour donner la capacité aux bénéficiaires de retrouver confiance en eux en franchissant le seuil des théâtres, musées, salles de concert.

Chapitre 4

Avec les personnes prostituées : L'accompagnement

LOIRE-ATLANTIQUE

Mieux comprendre d'où les personnes viennent pour les aider plus efficacement

De nombreuses étapes sont à franchir dans le parcours de sortie de la rue. En grande majorité, les personnes qui viennent à notre permanence ont été rencontrées dans la rue par des membres de l'association. Leur première demande est le plus souvent une aide à la régularisation. Elles écrivent ou ré-écrivent leur histoire, tout ce qu'elles ont vécu depuis le départ de leur pays d'origine.

La précarité est dans la rue bien sûr, mais aussi dans les moyens dont nous disposons pour leur venir en aide. Nous avons un partenariat très régulier avec une équipe de mission locale et plusieurs associations pour pouvoir remplir notre mission d'association-relais.

Nous recevons, de plus en plus nombreuses, des jeunes femmes du Nigéria. Cela nous a fait prendre conscience de la nécessité d'encourager l'apprentissage de la langue française.

Un de nos militants, originaire du Nigéria, en vacances dans sa famille, a pris le temps de s'informer sur ce que fait son pays contre la traite des jeunes femmes. Il a pu visiter 2 centres d'accueil dont l'un est tenu par une ONG. Les personnes accueillies bénéficient d'un soutien psychologique.

Dans les grandes villes, les autorités tentent d'informer et de sensibiliser les jeunes femmes aux risques de partir vers l'Europe. Mais, de plus en plus, les trafiquants vont chercher leurs victimes dans des villages plus reculés. Des actions sont également menées pour que le désenvoutement permette aux victimes et à leurs familles d'être « libérées ».

LOIRET

Faire émerger la confiance

L'accompagnement spécifique proposé par le Mouvement du Nid s'appuie sur plusieurs constats : reconnaître sa situation de prostitution est difficile et douloureux, mais dire sa situation de prostitution est libérateur.

Il faut ensuite essayer de comprendre le cheminement qui a amené à la situation de prostitution. L'échec d'une démarche de réinsertion est souvent la preuve qu'un élément clé dans le chemin de basculement n'a pas été identifié. Toute démarche de réinsertion est unique et le/la travailleur.e social.e ou le/la bénévole qui accompagne cette démarche doit respecter les choix des personnes.

L'accompagnement proposé par le Mouvement du Nid est donc un accompagnement personnalisé qui se définit au gré des besoins et des désirs des personnes.

Le Mouvement du Nid accorde une importance croissante au partenariat avec les associations, collectivités et administrations... Le partenariat est fondé sur la spécificité des structures, la reconnaissance de leurs compétences et la cohérence des démarches dans l'intérêt des personnes accompagnées.

Pour de nombreuses démarches, accompagner la personne « physiquement » est très important. Cela demande du temps, cela implique un coût et une grande disponibilité, mais est une condition d'efficacité. En accompagnant la personne dans les services, celle-ci ose la démarche, reprend confiance en elle-même et peut alors à son tour entreprendre des démarches seule.

De plus, le temps de l'attente et de l'accompagnement physique donne des opportunités de « disponibilité » et la confiance apparait.

Sur toute l'année, nous avons accompagné 80 personnes au total, dont 35 sur la durée (plus de 3 rendez-vous).

Moselle

Une femme nous a contacté.es suite au vote de la loi du 13 avril 2016, tournant historique des politiques de lutte contre la prostitution. Le vote de la loi lui a donné le courage de venir nous trouver à la délégation à Metz, pour demander de l'aide et quitter définitivement « le milieu » comme elle le nomme. Elle aurait, en outre, souhaité nous rejoindre dans notre délégation à Metz et venir en aide à des personnes qui voudraient quitter la prostitution. Mais nous pensons que c'est trop tôt, et l'avons encouragée à reprendre le cours de sa vie afin de reprendre pied après trop d'années passées dans cette galère.

RHÔNE

Revivre après des mois, des années de violences physiques et mentales

Un point retient de plus en plus notre attention : la condition psychologique des personnes s'adressant à nous pour être aidées à « sortir » et à vivre l'après. Elles ont vécu de longs mois ou de longues années de violences physiques et mentales, d'humiliation, de privations et d'isolement. Nous pensons d'abord aux conditions dans lesquelles certaines d'entre elles ont rejoint l'Europe sur les chemins de la traite, à travers la Lybie, la Turquie ou la Grèce, avec leur lot de viols, de mendicité, de dangers. Nous pensons aussi, bien sûr, à ces rapports quotidiens de prostitution qui sont autant d'effractions et de blessures de la personne.

Lorsque les personnes se présentent à nous, dans un premier temps, rien ou à peu près ne paraît de ces traumatismes. Elles semblent pouvoir tourner la page, penser à un emploi, s'occuper de leur enfant, comme si rien ne s'était passé. Mais dans une relation plus longue, plus confiante, certaines d'entre elles pourront avouer qu'elles dorment mal, qu'elles font des cauchemars, qu'elles ont peur, qu'elles ont des migraines continuelles, etc. Et si elles ne l'avouent pas, il nous faut supposer que le vécu antérieur ne peut pas ne pas les avoir meurtries en profondeur.

Nous sommes donc amenés à proposer puis à orienter la personne vers une prise en charge psychologique pour, idéalement, traiter le traumatisme en profondeur. Mais nous butons sur une carence de moyens et de personnels. Peu de professionnels de la psychologie du secteur public sont formés à la traumatologie des violences, et des violences sexuelles en particulier ; encore moins sont disponibles (trop de monde, des délais longs), surtout qu'il nous faut trouver des praticiens capables d'opérer en anglais. Nous orientons bien sûr vers les CMP ou le CPCT (Centres Médico-Psychologiques ou le Centre Psychanalytique de Consultation et de Traitement), mais ce n'est pas toujours satisfaisant. Nous souhaiterions un partenariat avec des praticiens plus spécialisés en traumatologie, plus disponibles aussi, mais ils appartiennent au secteur privé et leurs services coûtent cher.

Pour les trois grandes questions qui traversent la problématique du logement, du soutien à la parentalité et du soin du traumatisme psychique, nous attendons avec impatience la mise en œuvre des dispositions de la loi du 13 avril 2016 qui devraient apporter une aide majeure dans leur prise en charge.

DOUBS

Accompagner des personnes en réinsertion

Les personnes en réinsertion sont souvent très isolées, en rupture avec leur famille et la société et nous leur proposons de les accompagner dans leurs différentes démarches.

Nous travaillons régulièrement en lien avec des partenaires spécialisés en matière d'emploi, de formation, de santé et de logement (CMS, Intermed, Blanchisserie du Refuge, Jardins de Cocagne, Espaces Solidaires du CCAS, SAAS, CHRS le Roseau, Pôle Emploi). En 2016, nous continuons d'accompagner 5 personnes qui ont quitté la prostitution.

Notre investissement auprès des personnes est différent en fonction de leur vécu et des dommages physiques et psychologiques subis dans le monde de la prostitution. Nous constatons que celles qui arrivent à quitter la prostitution ont souvent une personnalité très forte et un caractère assez dur ce qui leur permet d'affronter les nombreux obstacles rencontrés. Souvent, cette décision intervient après un événement comme une agression, un démantèlement, une rencontre ou une grossesse par exemple.

Les personnes qui viennent de quitter la prostitution nous contactent très régulièrement. Nous essayons le plus possible de mener cet accompagnement en lien avec les structures existantes. Elles ont en effet souvent beaucoup d'appréhension à solliciter un service social. S'il est parfois nécessaire d'accompagner les personnes au premier entretien auprès des travailleurs sociaux, notre objectif est de les rendre autonomes.

Chapitre 4

Avec les personnes prostituées : L'accompagnement

HÉRAULT
Le réaménagement du pôle contact et accompagnement

Depuis septembre 2016 la délégation de l'Hérault a procédé à un diagnostic du pôle contact et accompagnement, identifiant les bonnes pratiques mais aussi les dysfonctionnements pour définir les axes de progrès à suivre. L'arrivée d'une salariée, coordinatrice du pôle contact et accompagnement, a permis de réorganiser ce pôle suivant des objectifs opérationnels précis. Cette démarche de réorganisation est encouragée par le passage de la loi du 13 avril 2016 « visant à renforcer la lutte contre le système prostitutionnel et à accompagner les personnes prostituées ».

En effet, l'article 5 prévoit la création des parcours de sortie de la prostitution et d'insertion sociale et professionnelle. Au vu des différentes modifications amenées par la loi en terme d'accompagnement social il nous a semblé indispensable de réaménager nos actions afin de permettre à notre public d'accéder aux ouvertures prévues par la loi.

Les actions du pôle accompagnement sont les suivantes : espace d'écoute de soutien auprès des personnes prostituées (travail autour de l'estime de soi et de la confiance), cours individuels de Français langue étrangère, projet « cellule internet », projet « soutien à la parentalité » : atelier thématiques, sorties ludiques et temps d'échange autour de leurs interrogations. Enfin, en tant qu'association-relais, nous accompagnons les personnes dans leurs démarches de demande d'hébergement, de régularisation et de réinsertion professionnelles et les orientons vers des professionnel.le.s spécialisé.e.s et sensibilisé.e.s.

INDRE-ET-LOIRE
Mener un accompagnement global adapté aux situations individuelles

Réussir l'accompagnement passe par l'établissement d'une relation de confiance avec la personne et par l'analyse des situations individuelle, familiale, sociale et sanitaire de la personne. Nous lui fournissons ensuite une aide dans les démarches administratives liées au logement/hébergement, à la santé, à la formation/insertion professionnelle, à des aspects juridiques, et à la régularisation pour les étrangères.

Nous recherchons la participation active de la personne qui est au centre de la démarche d'accompagnement. Avec elle, nous déterminons les freins, les capacités et son degré d'autonomie.

Nous établissons des priorités dans ses besoins et demandes, enfin nous déterminons avec elle les démarches à engager pour respecter ses choix.

L'accompagnement s'inscrit donc dans la durée. Il est basé sur le rythme, le respect du choix et de l'itinéraire de la personne. Il n'existe que dans le souci de rendre les personnes agentes de leur devenir.

Par ailleurs, nous agissons en lien avec les acteurs de terrain. La création de relais est indispensable pour favoriser l'accès aux droits et aux soins et pour mener un accompagnement dans une approche globale. Orienter les personnes vers le partenaire adéquat en fonction de la problématique repérée permet d'agir en complémentarité. Nous essayons de coordonner les actions pour agir en cohérence.

Haute-Garonne

Les personnes prostituées que nous rencontrons sont étrangères et souhaitent toutes obtenir un « vrai » travail en France. En attendant l'étude de leur demande de droit au séjour notamment, apprendre le français leur permet de mieux s'intégrer et de garder l'espoir d'obtenir un emploi.

À travers notre cours de français, deux fois par semaine, elles peuvent améliorer leur niveau à l'écrit et à l'oral, prendre confiance, oser prendre la parole, et acquérir plus d'autonomie dans leurs démarches à travers des thématiques spécifiques.

Un outil en cours d'élaboration

Un projet de guide de la rencontre et de l'accompagnement pour les militant.e.s et bénévoles est en cours de réalisation et sera prochainement disponible pour tout.e.s.

Avec les personnes prostituées : L'accompagnement

ESSONNE

Se faire reconnaître comme partenaire

En 2016, notre délégation de l'Essonne a accompagné deux principaux types de personnes : des personnes suivies depuis plusieurs années mais qui ont encore besoin d'aide et de soutien pour faire face à des situations parfois difficiles, et des personnes rencontrées ou signalées en cours d'année, soit par les services sociaux soit d'autres délégations du Mouvement du Nid. Sont principalement concernées des jeunes femmes nigérianes et congolaises.

Outre le soutien moral et l'écoute, les bénévoles de la délégation aident les personnes dans leurs démarches, les assistent après une période de rétention administrative, les accompagnent pour l'accès aux soins, la recherche d'emploi, l'hébergement, l'accompagnement vers les services sociaux dans le cadre de sa mission de mouvement-relais. Dans ce domaine, la délégation rencontre parfois encore des difficultés pour se faire reconnaître par les travailleurs sociaux comme un acteur du parcours de sortie.

Eure-et-Loir

Des personnes prostituées se sont confiées à la délégation concernant des violences commises par des « clients » sur les personnes, des violences qui n'ont pas été prises au sérieux par la police. Une bénévole a proposé d'accompagner au commissariat les personnes prostituées qui souhaitent déposer plainte. La délégation a transmis une note au préfet pour informer de ces dysfonctionnements par l'intermédiaire de la délégation aux droits des femmes.

SARTHE

Un investissement important pour les bénévoles

Accompagner des personnes en situation de prostitution exige beaucoup de disponibilité des bénévoles qui doivent effectuer de nombreuses démarches. Une prise en charge sur le plan global (santé, social, psychologique, hébergement....), un travail régulier avec les partenaires, des rédactions de rapports, des liaisons avec le pays d'origine des personnes, des ambassades. Les accompagnements sont de plus en plus nombreux. Un partenariat s'est développé plus particulièrement avec l'Association Tarmac qui accueille quelques-unes des personnes mais aussi avec un certain nombre de structures mancelles : le Centre hospitalier, les services concernés et les centres sociaux de la ville, le CCAS Mission Locale, Emmaüs, le Pôle emploi,...

Quelques chiffres : **546 heures** entretiens/accompagnements ; **70 heures** préparation, synthèses, partenariat ; **55 heures** Commissions/briefing ; **261 heures** Démarches/ administratif ; **115 heures** entretiens téléphoniques ; **967 kilomètres** parcourus.

CALVADOS

L'exemple de G, une jeune mineure nigériane

En partenariat avec la délégation du Rhône, la délégation du Calvados s'est occupée d'une jeune femme nigériane dont nous pensions qu'elle était mineure.

Elle est arrivée en janvier 2016 en provenance de Lyon. Le contact n'était pas facile à cause de la langue et surtout parce qu'elle était très surveillée par des compatriotes. Il a fallu prendre beaucoup de précautions.

La délégation avait un doute sur son âge, elle semblait mineure, mais un document qu'elle avait en sa possession semblait prouver le contraire. Plusieurs rencontres ont été nécessaires pour arriver à dénouer les fils de sa situation.

Ayant fini par connaître son âge, nous l'avons dirigée vers une institution qui nous a renvoyés vers le SAMIE (service d'accueil des mineurs isolés étrangers), nous a permis de la sortir de la prostitution et de la mettre à l'abri.

Prise en charge par des éducateurs, elle a été mise en sécurité d'abord à Caen pendant un mois et demi et elle a ensuite quitté le Calvados pour la Sarthe à cause des pressions que continuaient à exercer sur elle certaines personnes.

Malgré l'éloignement, nous avons pu maintenir le contact avec elle.

La formation des acteurs sociaux : démultiplier notre impact social en formant les professionnels

CHIFFRES CLÉS 2016
16 842 heures de formation
2 807 personnes formées

Face à la méconnaissance du système prostitutionnel, l'information est une urgence. En tant que mouvement-relais, nous accordons une grande importance à former les professionnel.le.s qui devront, dans le droit commun, accueillir des personnes prostituées ou agir dans le cadre de la prévention. Les actrices et acteurs sociaux (professionnel.le.s socio-éducatifs, santé, police, justice...) ont en effet un rôle essentiel à jouer. Le Mouvement du Nid organise à leur intention des cycles de formation (de 1 à 7 jours) et des journées d'information.

Pour aborder la prostitution dans sa globalité, et travailler sur ses représentations, nous traitons les sujets suivants : la prostitution comme fait social, non comme simple problème de la personne qui se prostitue, le repérage des situations de prostitution chez les personnes rencontrées, la connaissance des risques qui peuvent entraîner à se prostituer et les pratiques de prévention, l'élaboration, avec la personne, d'un parcours de réinsertion.

Enfin, avec l'adoption de la loi du 13 avril, de nouvelles formations destinées à faciliter l'application de la loi se mettent en place. La 1ère a eu lieu en décembre en Ardèche.

HAUT-RHIN

Une première à Mulhouse, la formation des policiers municipaux

Tout a commencé en 2012 lorsque la ville a étendu par arrêté les zones d'interdiction de la prostitution. Certains comportements des policiers ont permis à la délégation du Mouvement du Nid de mesurer leur méconnaissance du sujet. Au lieu de se placer dans l'opposition frontale, la délégation a alors entrepris un dialogue avec la municipalité. La formation des 70 policiers municipaux, portée notamment par le Pôle Prévention, Sécurité et Risques urbains, est aussi le résultat de ce travail patient, qui s'ajoute à une présence de 35 années et à un important réseau de partenariat.

En formation permanente sur de nombreuses thématiques, par exemple la question des violences faites aux femmes, les policiers municipaux avaient besoin de mieux connaître la question prostitutionnelle. Stéréotypes et représentations, formes de prostitution et tendances, lois, analyse de situations, échange de pratiques... Les journées ont été intensives ; et l'expérience très positive, selon Karine Batail, de la délégation. Pour commencer, policiers et Mouvement du Nid ont appris à se connaître : « *Ils sont en première ligne et souffrent d'être mal considérés. Ils ne se voient pas dans un rôle répressif mais plutôt dans l'aide aux habitants.* »

La formation a ainsi mis en avant la frustration des policiers qui souhaiteraient étendre leur champ d'action en tissant des liens plus solides avec les associations : « *Ils ont par exemple été appelés pour une mineure en situation de prostitution, mais la police nationale n'a pas suivi et elle a disparu. Ils expriment un vrai besoin de suivre les affaires et de connaître les suites de leurs interventions.* »

Reste à ne pas perdre le bénéfice engrangé : « *Nous voudrions poursuivre cette action mais aussi l'étendre en tra-*

vaillant avec d'autres acteurs. » Un objectif d'autant plus atteignable que la taille de la ville permet de tisser des liens humains et que l'ensemble des partenaires en matière de santé, de justice et d'accompagnement, réunies au sein de l'Observatoire des violences intrafamiliales et faites aux femmes (OVIFF), partagent la culture abolitionniste, avec une chargée de mission aux droits des femmes aux mêmes convictions et un maire, Jean Rottner, seul du Haut-Rhin à avoir signé la Tribune des Maires pour l'abolition de la prostitution.

Ces formations ont donné lieu à des retours encourageants avec une évolution certaine des regards qui passent plutôt du répressif au préventif et manifestent une plus grande empathie pour les personnes prostituées. Les policiers municipaux eux-mêmes expriment le besoin d'avoir des « piqûres de rappel ».

« *Deux référents seront nommés* », explique Karine Batail, « *et nous aurons deux ou trois réunions par an. Nous sommes aussi d'accord pour mettre en place des intervenants identifiés qui permettent de répondre aux situations d'urgence. Sur la question des mineures en fugue, par exemple, qui est aujourd'hui une vraie préoccupation (nous voyons les proxénètes tourner dans les lieux d'accueil), nous voudrions combler le vide et donc mettre en place, avec nos partenaires des foyers, de la police et d'autres acteurs, une personne référente et un protocole.* »

En 2015, 50 partenaires de l'action sociale s'étaient engagés avec nos deux délégations alsaciennes pour permettre à des personnes qui veulent sortir de la prostitution d'accéder à des formations. Le dispositif fonctionne. « *Malheureusement, les femmes prostituées que nous rencontrons sont majoritairement sans-papiers et nous avons beaucoup de dossiers déposés à l'Ofpra.* », expliquent nos militant.e.s.

En 2017, Mulhouse va aussi lancer une campagne de sensibilisation en direction des « clients » de la prostitution. La ville s'était déjà engagée en 2013 avec notre affiche qui portait sur la prostitution comme violence, puis en 2016, avec notre campagne « Les Bourreaux », qui a remporté un beau succès (voir page 40).

Quelques recommandations pour les villes

La prostitution, en tant qu'enjeu de politiques publiques, doit être mise à l'agenda municipal !

✔ Intégrer pleinement la prostitution dans les politiques publiques locales :
- Former l'ensemble des personnels en ce sens : action socio-éducative et de santé, police municipale, etc.
- Intégrer la prostitution dans les projets de prévention des Conseils locaux de sécurité et de prévention de la délinquance (CLSPD).

✔ Sensibiliser l'opinion par des débats et en finançant des campagnes d'information.

✔ Cesser de promouvoir le commerce du sexe (« salons de l'érotisme »), enlever des journaux et guides municipaux toute référence aux quartiers de prostitution, salons de massage, clubs « érotiques », etc.

✔ Organiser des partenariats avec les associations, encourager leurs initiatives :
- Créer en partenariat avec le milieu associatif, un guide d'aide aux personnes prostituées : accès aux soins et aux droits (services sociaux et juridiques), dépistage des IST, aide à la sortie de prostitution.
- Dans les zones frontalières, organiser des partenariats entre les « villes-frontières ».

Chapitre 4

GOUVERNEMENT
Liberté
Égalité
Fraternité

INSTRUCTION N° DGCS/SDFE/DGEF/DIMM/2022/7 2022 **du 13 avril 2022 relative à l'ouverture des droits dans le cadre du parcours de sortie de la prostitution et d'insertion sociale et professionnelle**

Le ministre de l'Intérieur

La ministre déléguée auprès du Premier ministre chargée de l'égalité entre les femmes et les hommes, de la diversité et de l'égalité des chances

La ministre déléguée auprès du ministre de l'Intérieur, chargée de la citoyenneté

à

Mesdames et Messieurs les préfets de région

Mesdames et Messieurs les préfets de département

Référence	NOR : SSAA2201128C (n° interne 2022/7)
Date de signature	13 avril 2022
Emetteur(s)	Ministère de l'intérieur Direction générale des étrangers en France Ministère chargée de l'égalité entre les femmes et les hommes, de la diversité et de l'égalité des chances Direction générale de la cohésion sociale – Service des droits des femmes et de l'égalité entre les femmes et les hommes
Objet	Ouverture des droits dans le cadre du parcours de sortie de la prostitution et d'insertion sociale et professionnelle
Commande	Finaliser l'installation dans tous les départements des commissions départementales de lutte contre la prostitution, le proxénétisme et la traite des êtres humains aux fins d'exploitation sexuelle et ouvrir des parcours de sortie de la prostitution dès lors qu'ils répondent aux prérequis. Veiller à une bonne application des dispositions du code de l'entrée et du séjour des étrangers et du droit d'asile (CESEDA). Veiller à ce que l'autorisation de séjour soit délivrée dans les meilleurs délais possibles, pour permettre notamment la signature du contrat d'intégration républicaine des publics éligibles.
Action(s) à réaliser	Installer et faire fonctionner les commissions départementales de lutte contre la prostitution, le proxénétisme et la traite des êtres humains aux fins d'exploitation sexuelle. Favoriser le développement des parcours de sorties de la prostitution.

	Examiner, dans le cadre du pouvoir d'appréciation du Préfet si le droit au séjour de la personne s'étant engagée dans un PSP peut être maintenu au moyen d'une carte de séjour temporaire. Veiller à ce que l'autorisation de séjour soit délivrée dans les meilleurs délais possibles
Echéance(s)	Immédiat
Contact(s) utile(s)	Direction générale de la cohésion sociale Service des droits des femmes et de l'égalité entre les femmes et les hommes Bureau de l'égalité entre les femmes et les hommes dans la vie personnelle et sociale Jean-Luc THIERRY Tél : 01 53 86 10 30 Mél : jean-luc.thierry@social.gouv.fr
Nombre de pages et annexe(s)	6 pages + 2 annexes (8 pages) Annexe 1 : Composition de la commission départementale de lutte contre la prostitution, le proxénétisme et la traite des êtres humains aux fins d'exploitation sexuelle (Article R. 121-12-7 du CASF) Annexe 2 : Composition du dossier de demande d'admission au séjour sur le fondement de l'article L.425-4 du CESEDA
Catégorie *(si dépôt site Légifrance)*	Mise en œuvre des réformes et des politiques publiques comportant des objectifs ou un calendrier d'exécution.
Résumé	La présente circulaire fixe l'impératif de finaliser l'installation dans tous les départements des commissions départementales de lutte contre la prostitution, le proxénétisme et la traite des êtres humains aux fins d'exploitation sexuelle et d'ouvrir des parcours de sortie de la prostitution dès lors qu'ils répondent aux prérequis. Elle rappelle les critères d'obtention de l'autorisation provisoire de séjour pour les personnes engagées dans le parcours de sortie de la prostitution et d'insertion sociale et professionnelle, créé par la loi n° 2016-444 du 13 avril 2016 visant à renforcer la lutte contre le système prostitutionnel et à accompagner les personnes prostituées.
Mention Outre-mer	Ces dispositions s'appliquent aux Outre-mer
Mots-clés	Parcours de sortie de la prostitution – violences faites aux femmes – commissions départementales de lutte contre la prostitution, le proxénétisme et la traite des êtres humains aux fins d'exploitation sexuelle. Autorisation provisoire de séjour.
Classement thématique	Droits des femmes

Chapitre 4

Texte(s) de référence	Loi n° 2016-444 du 13 avril 2016 visant à renforcer la lutte contre le système prostitutionnel et à accompagner les personnes prostituées. Décret n° 2016-1467 du 28 octobre 2016 relatif au parcours de sortie de la prostitution et d'insertion sociale et professionnelle et à l'agrément des associations participant à son élaboration et à sa mise en œuvre. Décret n° 2020-1545 du 9 décembre 2020 relatif à l'organisation et aux missions des directions régionales de l'économie, de l'emploi, du travail et des solidarités, des directions départementales de l'emploi, du travail et des solidarités et des directions départementales de l'emploi, du travail, des solidarités et de la protection des populations
Circulaire / instruction abrogée	« Néant »
Circulaire / instruction modifiée	« Néant »
Rediffusion locale	« Néant ».
Document opposable	Oui
Déposée sur le site Légifrance	Oui
Publiée au BO	Non
Date d'application	Immédiate

La loi n°2016-444 du 13 avril 2016 visant à renforcer la lutte contre le système prostitutionnel et à accompagner les personnes prostituées a conforté l'engagement abolitionniste de la France en matière de prostitution, prenant en compte le phénomène dans sa globalité : lutte contre le proxénétisme, renforcement de la prise en charge des victimes de prostitution, de proxénétisme ou de traite des êtres humains aux fins d'exploitation sexuelle, mesures de prévention, interdiction de l'achat d'acte sexuel.

La prévention et la lutte contre la prostitution s'inscrivent désormais à part entière dans le champ de la politique publique de lutte contre les violences faites aux femmes.

Un parcours de sortie de la prostitution et d'insertion sociale et professionnelle est ainsi proposé à toute personne victime de prostitution, de proxénétisme ou de traite des êtres humains aux fins d'exploitation sexuelle qui manifeste son souhait de sortir de la prostitution et de s'inscrire dans ce parcours.

La commission départementale de lutte contre la prostitution, le proxénétisme et la traite des êtres humains aux fins d'exploitation sexuelle, présidée par le représentant de l'Etat, a ainsi pour mission de mettre en œuvre la politique départementale en la matière, et d'examiner les demandes d'engagement dans un parcours de sortie de la prostitution qui lui sont soumises.

Une évaluation de mise en œuvre de la loi (par une inspection conjointe IGA-IGA-IGJ) a été rendue publique fin juin 2020 et pointe notamment le constat, pour le volet social de la loi, d'une mise en œuvre inégale sur les territoires.

C'est le cas tant pour la mise en place des commissions départementales de lutte contre la prostitution, le proxénétisme et la traite des êtres humains aux fins d'exploitation sexuelle, la mise en œuvre des parcours de sortie de la prostitution que la délivrance des titres de séjour, notamment de l'autorisation provisoire de séjour.

C'est pourquoi, ont été organisées successivement une réunion interservices des ministères concernés par les différents volets de la loi et la réunion du comité de suivi de la loi du 13 avril 2016, le 15 mars dernier. Ces différents temps d'échanges ont conduit à penser qu'un nouvel élan à la loi était nécessaire en visant aussi bien une généralisation qu'une harmonisation des dispositifs.

1/ Installation et fonctionnement des commissions départementales de lutte contre la prostitution, le proxénétisme et la traite des êtres humains aux fins d'exploitation sexuelle

Cette commission, placée sous votre autorité, a ainsi pour mission de mettre en œuvre une stratégie départementale en la matière, et d'examiner les demandes d'engagement dans un parcours de sortie de la prostitution (PSP) qui lui sont soumises.

Sa mise en place a connu une montée en charge significative depuis 2017. Ainsi, au 1er janvier 2021, 80 commissions départementales ont été installées sous votre autorité (62 au 01/03/2019 et 75 au 01/03/2020).

1.1 Installation d'une commission départementale de lutte contre la prostitution, le proxénétisme et la traite des êtres humains aux fins d'exploitation sexuelle

Il importe en 2021 d'achever le déploiement de ce dispositif dans les 20 départements non couverts à ce jour. En effet, dans les départements où une commission a été installée son utilité a fait ses preuves, notamment en dynamisant le partenariat, le partage de culture, la mise en œuvre optimale de demandes de PSP tout en contribuant à un maillage territorial plus efficient.

1.2 Composition de la commission départementale
L'article R. 121-12-7 du CASF précise la composition de la commission départementale de lutte contre la prostitution, le proxénétisme et la traite des êtres humains aux fins d'exploitation sexuelle.

Le décret n° 2020-1545 du 9 décembre 2020 relatif à l'organisation et aux missions des directions régionales de l'économie, de l'emploi, du travail et des solidarités, des directions départementales de l'emploi, du travail et des solidarités et des directions départementales de l'emploi, du travail, des solidarités et de la protection des populations dispose en son article 24 II : - *Au sein des commissions à caractère consultatif comportant une proportion fixe ou minimale de représentants de l'administration de l'Etat, les représentants des directions et unités départementales exerçant, jusqu'à l'entrée en vigueur du présent décret, les missions mentionnées aux articles 4 et 5 du décret du 3 décembre 2009 susvisé [politiques de cohésion sociale, de développement de l'emploi, d'insertion sociale et professionnelle, de l'accès et du maintien dans le logement et du travail] sont remplacés, en nombre égal, par des représentants des directions mentionnées à l'article 2 de ce même décret [DDETS].*

Pour les départements d'outre-mer, sont concernées les directions de l'économie, de l'emploi, du travail et des solidarités (DEETS). Aussi, tant le directeur départemental de la cohésion sociale (DDCS) ou son représentant que le directeur de l'unité départementale (UD) de la DIRECCTE ou son représentant sont remplacés en nombre égal, sans qu'il soit nécessaire de modifier le décret, par des représentants de la DDETS ou de la DEETS.

Un modèle de composition de la commission intégrant ces modifications est joint en annexe.

1.3 Formation des membres de la commission départementale

S'agissant des membres des nouvelles commissions ou des nouveaux membres des commissions existantes, vous veillerez à ce qu'ils bénéficient d'une session de sensibilisation ou de formation à la problématique de la prostitution. Cette formation sera assurée par une association agréée au niveau national, régional ou départemental.

2/ Prise en charge des victimes de la prostitution

L'accompagnement social repose sur un projet d'insertion sociale et professionnelle, élaboré par l'association avec la personne concernée à l'issue d'une évaluation de ses besoins sanitaires, sociaux et professionnels. Actuellement, 119 associations ont été agréées pour la mise en œuvre du parcours de sortie de la prostitution.

2.1 Augmenter le nombre de parcours de sortie de la prostitution pour l'accompagnement des victimes

Le parcours de sortie vise à proposer un accompagnement global de la personne en fonction de la diversité de ses besoins (logement, hébergement, accès aux soins, accès aux droits, action d'insertion sociale et professionnel) et s'appuie sur des actions de droit commun.

Outre l'accompagnement assuré par les associations agréées, la personne engagée dans un parcours de sortie de la prostitution peut se voir ouvrir des droits spécifiques sous réserve qu'elle satisfasse aux conditions exigibles, à savoir l'autorisation provisoire de séjour visée à l'article L.425-4 du CESEDA, et l'aide financière à l'insertion sociale et professionnelle (AFIS) prévue aux articles R. 121-12-13-1 et suivants du CASF.

Le parcours de sortie de la prostitution (PSP) est un dispositif qui a fait ses preuves.

Ainsi, sur les 161 PSP terminés, 95 % des personnes sortent du parcours avec une formation, un emploi et un logement, à l'issue de la période des 24 mois prévue par les textes.

Toutefois, si 80 départements ont installé une commission départementale, 48 seulement ont engagé des parcours de sortie de la prostitution (PSP) en faveur des victimes. Depuis 2017, 564 personnes ont bénéficié d'un PSP dont 403 parcours en cours au 1er janvier 2021.

Il s'agit donc de favoriser le développement des PSP en portant une attention soutenue aux demandes présentées par les associations agréées en conformité avec les conditions d'accès audit parcours.

Pour ce faire, vous veillerez à réunir, à périodicité régulière, la commission départementale afin d'examiner toutes les demandes de PSP recevables.

2.2 La délivrance et le renouvellement de l'autorisation provisoire de séjour (APS)

Pour rappel, l'article L.425-4 du CESEDA prévoit qu'une APS d'une durée de six mois peut être délivrée, sauf si sa présence constitue une menace pour l'ordre public, à l'étranger victime de la traite des êtres humains aux fins d'exploitation sexuelle ou de proxénétisme, qui a cessé l'activité de prostitution et qui a été autorisé à s'engager ou à poursuivre un parcours de sortie de la prostitution et d'insertion sociale et professionnelle.

La délivrance de cette APS n'est pas soumise à la présentation d'un visa de long séjour et permet l'exercice d'une activité professionnelle.

Le manque d'harmonisation dans l'application de ces dispositions tant en ce qui concerne les critères et pièces justificatives demandées par les services des titres de séjour des préfectures que les délais de décision ou de délivrance a été noté par la mission inter inspection.

Vous veillerez donc à une bonne application des dispositions du code de l'entrée et du séjour des étrangers et du droit d'asile (CESEDA) rappelées en annexe 7a2.

> **NOTA :**
>
> -La circonstance que le demandeur ait fait l'objet d'une obligation de quitter le territoire français (OQTF) antérieure ne fait pas obstacle à l'examen d'une demande d'APS à la suite de son engagement dans le parcours de sortie de prostitution. Vous veillerez toutefois à vérifier que l'OQTF n'ait pas été fondée sur le motif de la menace ou du trouble à l'ordre public.
>
> - Le demandeur d'asile peut solliciter son entrée dans le parcours de sortie de prostitution sous couvert d'une attestation de demandeur d'asile. Vous ne lui délivrerez alors pas d'APS. Dans l'hypothèse où il se verrait refuser le bénéfice de la protection internationale à l'issue de l'examen de sa demande d'asile, l'intéressé pourra alors bénéficier de l'APS sous réserve d'être toujours inséré dans ce parcours de sortie de prostitution.

2.3 Examen du droit au séjour à l'issue du parcours de sortie de la prostitution

S'agissant du ressortissant étranger autorisé pendant vingt-quatre mois consécutifs à suivre un PSP, ayant respecté les engagements y figurant et dont l'APS a été régulièrement renouvelée, vous examinerez, dans le cadre de votre pouvoir d'appréciation et afin de lui permettre de poursuivre son insertion sociale et professionnelle en France si son droit au séjour peut être maintenu au moyen d'une carte de séjour temporaire.

De même que s'agissant de l'APS, et dans le souci d'éviter les ruptures de droit, vous veillerez à ce que l'autorisation de séjour soit délivrée dans les meilleurs délais possibles, pour permettre notamment la signature du contrat d'intégration républicaine des publics éligibles, lequel donne accès à un socle de formations linguistique et civique, de conseils et d'orientation vers les services de proximité utiles (santé, formation, emploi, garde d'enfants…).

Monsieur Gérald DARMANIN
Ministre de l'Intérieur

Madame Elisabeth MORENO
Ministre déléguée auprès du Premier ministre chargée de l'égalité entre les femmes et les hommes, de la diversité et de l'égalité des chances

Madame Marlène SCHIAPPA
Ministre déléguée auprès du ministre de l'Intérieur,
Chargée de la citoyenneté

DOCUMENT N°11 – **Courrier du Maire**

Monsieur le Maire de X-Ville

X-Ville, le 5 juin 2023

Monsieur Zimbo,

Vous êtes le gérant de deux établissements de nuit, le bar « le Zébulon » ainsi que le club « le Zanzibar », situés sur la commune de X-ville et plus particulièrement la zone d'activité du secteur des bûcherons.

L'amplitude horaire ainsi que le secteur géographique font de ces établissements des lieux particulièrement prisés des noctambules du département et de ma commune.

Or, il me remonte depuis quelques semaines des troubles à la tranquillité publique qui seraient provoqués par des dysfonctionnements liés à l'activité de vos établissements. Vous le constaterez vous-même au moyen des clichés photographiques joints à ce courrier : le grillage défectueux de votre parking, le nombre insuffisant d'agents de sécurité ainsi que la faiblesse relative de l'éclairage sur les arrières de l'établissement seraient notamment la cause d'une porosité entre la clientèle de vos établissements, contrôlée et filtrée, et une population extérieure indésirable aux activités illicites.

En effet, j'ai reçu des témoignages de la présence de dealers et de prostituées sur le secteur, profitant notamment de l'absence de délimitation et de contrôle de la partie arrière de votre établissement, en lisière du bois de Lutin.

Je vous prie de prendre toutes les dispositions nécessaires en votre qualité de responsable de ces deux établissements afin d'assurer la protection de la clientèle et de veiller à la prévention de trouble à l'ordre public lors de leur exploitation.

Une copie de ce courrier est adressée au Commissaire de la circonscription de X-Ville.

Sincères salutations,

DOCUMENT N°12: **Statistiques sur la délinquance locale**

Tableau statistique circonscription X-VILLE

Types d'infractions/ secteurs géographiques	Alouettes	Bûcherons	Colonnades	Périgonds	Tannins
Nombre achat acte sexuel (entre 14 avril 2019 et 14 avril 2020)	2	20	0	0	0
Nombre délit de racolage (entre 14 avril 2019 et 14 avril 2020)	32	3	0	1	0

Chapitre 4

* Proposition de corrigé, qui constitue un nouvel exemple d'application du plan d'action et des éléments de langage.

MINISTERE DE L'INTERIEUR
DIRECTION GENERALE DE LA POLICE NATIONALE
DIRECTION CENTRALE DE LA SECURITE PUBLIQUE
DIRECTION DEPARTEMENTALE DE LA SECURITE PUBLIQUE
CIRCONSCRIPTION DE SECURITE PUBLIQUE

X Ville, le (date de rédaction de votre copie)

Le chef de la CSP
à
M. le Directeur Départemental de la Sécurité Publique

Objet: Prostitution sur le ressort de la circonscription de X-ville: présentation de la situation et plan d'action.

Environ 300 000 personnes sont actuellement prostituées en France. La majorité de ces personnes sont des femmes étrangères. La prostitution engendre différents troubles à l'ordre public parmi lesquels des nuisances sonores et de la violence, en particulier sur les travailleurs du sexe. Notre CSP n'est pas épargnée par ce phénomène qui inquiète considérablement le maire de la ville.

Plusieurs textes normatifs sont venus depuis quelques années renforcer la lutte contre le système prostitutionnel en modifiant la réponse pénale à la prostitution. Ces textes s'accompagnent de dispositifs visant à prendre en charge les personnes prostituées et favoriser leur réinsertion.

La présente note vise à présenter la situation dans la CSP (I) et proposer un plan d'action global pour répondre concrètement aux enjeux locaux de ce phénomène (II).

I) **Les évolutions législatives relatives à la prostitution ne sont pas parvenues à réduire l'ampleur du phénomène sur le ressort de la CSP**

A) Les évolutions législatives

Tout d'abord, les évolutions législatives impactent le traitement judiciaire des affaires de prostitution. La loi du 13 avril 2016 visant à renforcer la lutte contre le système prostitutionnel et à accompagner les personnes prostituées. Elle a abrogé le délit de racolage et créée l'infraction d'achat d'acte sexuel sanctionnée d'une contravention de cinquième classe (article 611-1 du CP). Cette peine principale s'accompagne de peines complémentaires comprenant un stage de sensibilisation à la lutte contre l'achat d'actes sexuels, créé par la loi. Cette même loi aggrave les peines en cas de violences, de viols et d'agressions sexuelles contre les personnes prostituées.

Du point de vue de la procédure pénale, les associations peuvent se constituer partie civile (article 2-22 CPP), et les victimes décidant de témoigner à la manifestation de la vérité sont protégées. (article 706-40-1 du CPP).

Ensuite, les évolutions législatives visent également à renforcer l'accompagnement et la réinsertion des personnes prostituées. En effet, la loi de 2016 créée un parcours de sortie de la prostitution (PSP) et d'insertion sociale et professionnelle ouvrant des droits, notamment financiers, aux personnes étrangères.

Les associations contribuent à l'élaboration du PSP. Par ailleurs s, le décret du 28 octobre 2016 prévoit la mise en place d'une commission départementale de lutte contre la prostitution, le proxénétisme et la traite des êtres humains aux fins d'exploitation sexuelle. Elle permet la coordination des actions en faveur des personnes prostituées et rend un avis sur les PSP proposés par les associations.

B) Les évolutions présentent des difficultés de mise en œuvre impactant l'efficacité des dispositifs comme le démontre la situation actuelle au sein de la CSP

La répression des clients nécessite un temps de surveillance considérable et est donc coûteuse en personnels. Dans un contexte de tensions des effectifs, cette disposition est donc difficile à mettre en œuvre. On constate toutefois qu'entre le 14 avril 2019 et le 14 avril 2020, 22 achats d'actes sexuels ont été réprimés sur le ressort de la CSP. Ils sont majoritairement recensés sur le secteur des Bûcherons qui mérite une réponse opérationnelle de police à court terme.

En dépit des efforts des effectifs de la CSP, ces infractions ne sont pas nécessairement suivies par des poursuites judiciaires du fait de la réticence de certains magistrats.

En outre, l'application de ces dispositions a fait émerger de nouvelles problématique. En effet, les travailleurs du sexe ont vu leur revenu diminuer et le comportement des clients évoluer. Ces derniers stressés par l'éventuelle répression se montrent davantage agressifs et imposent des tarifs peu élevés ou des conditions sanitaires dégradées.

Ainsi, la précarisation des travailleurs du sexe et l'augmentation des agressions sexuelles impactent considérablement l'ordre public de la CSP. Le maire de la ville a déjà pris contact avec certains gérants d'établissements de nuit afin qu'ils prennent les dispositions nécessaires à la prévention de troubles à l'ordre public. Cependant, cette coopération ne peut s'envisager que dans une dimension partenariale avec les autres acteurs de l'État ainsi que le tissu associatif local.

II) **La réduction pérenne de la prostitution sur le territoire de la CSP ne peut s'envisager que dans une dimension partenariale avec les autres acteurs institutionnels et les associations.**

A) Une collaboration étroite à l'échelle du département et dans le cadre de la Police de Sécurité du Quotidien (PSQ) est nécessaire pour intensifier les contrôles et le suivi judiciaire

- La commission départementale est un échelon intéressant pour évoquer les problématiques de la CSP puisqu'elle réunit tous les acteurs du département concernés. Il serait notamment pertinent d'évoquer le traitement judiciaire des infractions d'acte d'achat sexuel avec le magistrat ou son représentant. Le dispositif, pour être suffisamment dissuasif, doit être accompagné d'une répression certaine. C'est aussi l'opportunité d'échanger au sein de cette instance entre les différents acteurs sur les bonnes pratiques à mettre en œuvre.

Chapitre 4

La réunion mensuelle du Groupe de Partenariat Opérationnel (GPO) des secteurs de la CSP concernés, comme celui des bûcherons, permettra d'apporter une réponse opérationnelle à court terme, en la présence des élus concernés.

Les effectifs de la CSP doivent mener des opérations coordonnées sur le terrain avec la Police Municipale afin d'accroître la visibilité, toujours dissuasive à l'égard de ce genre d'infractions. A moyen et long terme, les effectifs de la Gendarmerie Nationale, limitrophes de la CSP, pourront judicieusement être associés dans des opérations coordonnées d'envergures sur différents points du secteur. Ce serait en outre l'occasion de médiatiser l'action résolue des pouvoirs publics en lien avec l'autorité préfectorale sur le terrain.

La priorité opérationnelle aux effectifs de nuit de la CSP peut être donnée à l'action d'accentuer les contrôles sur les secteurs Alouettes et Bûcherons puisque les infractions relevées se concentrent essentiellement sur ces territoires.

Par ailleurs, les systèmes de vidéo-surveillance de la ville pourraient aider à la mise en place d'une stratégie coordonnée entre les différents services de sécurité.

Il a néanmoins été constaté, au niveau national, que la répression des auteurs d'achat d'acte sexuel ne s'accompagne pas nécessairement d'une diminution de la violence.

La CSP pourrait ainsi judicieusement collaborer avec les associations engagées dans l'accompagnement et la réinsertion des travailleurs du sexe.

B) Un partenariat durable avec les associations de la CSP et du département engagées dans l'accompagnement et la réinsertion des travailleurs du sexe est essentiel à la réponse opérationnelle globale

A court terme, les commissariats de la CSP doivent tenir un répertoire des associations locales dédiées à ce sujet. Cela permettrait une étroite collaboration entre les effectifs et les associations sur ces affaires permettant une meilleure prise en charge des victimes pendant les auditions et le début d'un parcours d'accompagnement et de réinsertion, faisant diminuer la prostitution dans la CSP à long terme. Les commissariats doivent également détenir les prospectus d'informations du public sur les associations.

Une sensibilisation, voire une formation des effectifs de la CSP et de la Police Municipale serait à envisager afin de pérenniser le dispositif. Un module en e-learning sur les intranets locaux pourrait être la formule adéquate permettant à chacun de se former sur un créneau horaire favorable. A court terme, les services de communication peuvent déposer sur l'intranet du contenu informatif à ce sujet. (Vocabulaire, principales infractions, contacts associatifs).

Enfin, ce partenariat durable avec les associations pourrait faire l'objet d'une communication dans la presse locale pour informer les riverains, améliorer l'attractivité de la ville et ainsi rassurer les élus locaux.

Chapitre 4

Le nouveau cadre législatif réforme le traitement judiciaire de la prostitution et renforce l'accompagnement et la réinsertion des travailleurs du sexe. Afin de faire cesser les troubles à l'ordre public liés à ce phénomène au sein de la CSP, il convient de renforcer la collaboration opérationnelle entre tous les acteurs locaux concernés. Le cadre de la PSQ où la Police Nationale est menante s'y prête, notamment au moyen des GPO.

Le commissaire de police

CHAPITRE 5: Un esprit sain dans un corps sain: l'approche méthodique des épreuves sportives et psycho-techniques

Bravo, vous êtes admissibles, vous venez de sentir la douce sensation de voir votre nom et votre prénom inscrits sur la liste publique nationale.

Le temps de savourer quelques minutes, vous vous rendez compte que rien n'est encore fait. Vous venez juste de passer le premier tour vers le succès. Il en reste deux.

Vous êtes dans la situation d'un golfeur professionnel qui a gagné la première journée d'une compétition, pas le tournoi, il lui reste alors trois jours pour conserver la tête.

La seconde phase est appelée « la pré-admission ».

Il s'agit du sport.

Notez bien que « toute note inférieure à 7/20 (à l'une ou l'autre des épreuves) est éliminatoire. »

Le coefficient est de 3.

Le candidat passe successivement au cours de la même journée le Parcours d'habileté motrice (PHM) ainsi que le test d'endurance cardio-respiratoire (TECR).

Les épreuves sportives sont les mêmes pour les trois concours de la Police Nationale: commissaire, officier et gardien de la paix.

Vote note finale en sport, coefficient 3, sera la moyenne des notes obtenues au parcours d'habileté motrice et au test d'endurance cardio-respiratoire.

Généralités à connaître

Il y a quelques jours, j'ai appris l'échec au sport d'une étudiante pourtant brillante. Attention donc, ce n'est pas une hypothèse qui n'arrive jamais. Chaque année, des étudiants échouent à ce stade. Cela ne concerne toutefois que peu de candidats, rassurez-vous.

De manière générale, ces épreuves n'ont rien de compliqué pour celui qui a fait ou pratique encore régulièrement une activité sportive. Le barème est tel que vous n'obtiendrez pas une note brillante, et à l'inverse vous ne risquez pas l'élimination.

Le point clé à retenir est que vous n'avez qu'une chance de passage à chaque atelier.

Je veux vraiment que vous compreniez et reteniez cela. Le jour J, lorsque l'heure de votre passage à chacun des ateliers (quelques minutes de repos entre chaque passage) aura été donné, il n'y en aura pas d'autre, en aucun cas. Cela passe ou non. Le cas contraire, vous feriez annuler le concours pour rupture d'égalité vis à vis des autres candidats.

Je remarque donc que les quelques candidats qui échouent ont tous un point commun: ils ne sont pas très sportifs et cumulent cela avec une certaine anxiété, ce qui donne le cocktail tétanisant à ces épreuves. Ceci alors qu'il n'y a vraiment pas de quoi se mettre dans un état de pression caractérisé. L'ambiance est aussi humaine que normale, les examinateurs ne jouent pas un rôle ni ne mettent aucune pression, c'est interdit. Ce n'est pas une épreuve d'entrée dans une unité spéciale. Il n'y a aucun aspect psychologique recherché. Tous les candidats convoqués à la même heure de passage regarderont votre passage au parcours. Pour autant, vous ne les connaissez pas, à quoi bon se focaliser là dessus?

Chacun est trop préoccupé par sa propre performance pour véritablement analyser les passages des autres candidats ce jour là.
Ne vous préoccupez pas de cela.

A défaut d'être un grand sportif, connaissez par cœur le contenu des épreuves et détendez vous au maximum pour assurer le 7 à chaque séquence. C'est tout.

La différence ne se fait pas à l'épreuve de sport, la note est anecdotique, le coefficient est de 3. Il n'y a jamais d'excellentes notes.

De manière plus positive, dites vous vraiment que si vous n'estimez pas être en capacité d'avoir au moins 7 à chacune de ces deux épreuves, il est judicieux de revoir vos ambitions vers un autre concours.

La Police n'est pas une force militaire, à la différence de la Gendarmerie. Vous ne serez pas évalué sur vos capacités physiques en cours de carrière, au même titre que vos subordonnés.

Pour autant, vous serez appelé la nuit, le week-end et resterez un jour ou l'autre de votre carrière des heures debout à diriger un maintien de l'ordre. C'est inévitable.

Voulez-vous être ce chef qui n'a pas le physique pour assumer cela?

Je ne le crois pas.

A défaut, ne vous mettez pas en situation de l'être. C'est à cela que sert cette épreuve, rien d'autre. Elle ne sélectionne pas, elle évite de futurs problèmes potentiels sur l'opérationnel.

A fortiori, imaginez vous endosser de telles fonctions sans avoir ces capacités sportives minimales requises en étant jeune. Dans quel état serez-vous 20 ans après?

Le contenu des épreuves

* Le parcours d'habileté motrice

Il s'agit d'une épreuve à 10 ateliers qui se prennent successivement. Le parcours s'effectue dans l'ordre prévu des ateliers. Tout atelier doit être tenté. Un atelier oublié est signalé immédiatement par le moniteur afin d'être effectué.
Tout atelier doit être réalisé conformément à des consignes qui sont connues et disponibles sur le site devenirpolicier.fr et visibles en vidéo sur les réseaux sociaux.

Le non respect des consignes entraînera la répétition de l'exercice. En cas de réalisation incomplète ou incorrecte d'un atelier, il est attribué une pénalité forfaitaire de temps, s'ajoutant au temps total réalisé.

Notez bien que tout atelier non tenté ou tout abandon en cours d'épreuve entraîne la note de 0 à l'ensemble du parcours.

Le parcours est chronométré.

Concrètement, vous allez porter un sac lesté, effectuer des flexions-extensions, un franchissement de haies, un passage en équilibre sur poutre, des bonds dans des cerceaux, des appuis alternés, un franchissement de barrières , un passage sur l'échelle horizontale, un ramper, et une course en slalom.

Il n'y a rien de compliqué, les sportifs vont même passer un moment agréable dans un concours exigeant et au calendrier marathon.

Il y a un barème de notation différent pour les femmes et les hommes.

- Recommandations préparatoires à cette épreuve:

Visualisez dès à présent le parcours en vidéo sur les réseaux sociaux.
Fermez les yeux et imaginez vous en train de le faire. Que ressentez-vous ? Un sentiment agréable et instinctif de vouloir déjà y être ou un léger sourire ? Très bien, vous êtes probablement sportif, concentrez vous sur les oraux et continuez à conserver votre hygiène de vie habituelle sans vous blesser évidemment.

Au contraire, c'est un sentiment de frisson et de crainte qui vous anime? Regardez en détail le contenu de l'épreuve et déterminez les endroits précis de vos appréhensions. Exercez-vous sur la partie en question et voyez si cela justifie ou non votre appréhension. Les parcours santé en plein air, dans les bois, près des étangs communaux constituent d'excellents moyens de jauger la plupart de ces passages.

Si vous êtes motivés et que le sport n'est pas encore inscrit de manière naturel à votre agenda, je vous recommande de faire l'investissement d'un abonnement en salle de sport de type «Basic Fit». Vous prenez rendez-vous avec un moniteur sur place, vous montrez le descriptif détaillé de l'épreuve. Vous ferez alors une séance d'essai où il évaluera votre niveau. Prenez les choses en mains et mettez toutes les chances de votre côté. Ces salles ont désormais le matériel nécessaire pour vous faire travailler ces agrès: qu'attendez-vous?

Un dernier conseil au passage, ne courrez pas sur la poutre le jour du concours, cela arrive d'y laisser sa cheville...et son concours, exemples à la clé.

*Le test cardio-respiratoire

Même lieu, même jour, autre épreuve. Plus basique, il s'agit de faire des allers et retours sur une distance de 20 mètres, à une vitesse progressivement accélérée.

Une bande sonore règle la vitesse en émettant des sons à intervalles réguliers et annonce la progression du candidat en termes de palliers et de fractions de palliers exprimés en temps.

C'est le test d'endurance cardio-respiratoire commun avec les concours sapeurs-pompiers et militaires, entre autres.

Le but est d'atteindre le plus grand nombre de palliers possibles.

L'épreuve commence lentement, le rythme est de 8 km/h puis augmente progressivement toutes les minutes.

A chaque extrémité, le candidat doit bloquer un de ses pieds immédiatement derrière la ligne pour amorcer son retour. Les virages en courbe sont interdits.

C'est ici le point clé de cette épreuve. Cette façon de faire du sport n'est absolument pas recommandée, aucun athlète ne s'entraîne ainsi de manière non linéaire et aussi brutale. Pourtant, il va falloir y passer. N'ayez crainte, le barème est tel que je n'ai pas connaissance d'une seule élimination à cause de cette épreuve. A l'inverse, encore une fois, il est vraiment difficile d'obtenir une bonne note.

Ne multipliez pas cette épreuve en entraînement tout au long de l'année, vous risqueriez de vous blesser inutilement et de perdre le goût au sport si vous n'y êtes pas habitué. Privilégiez des séances de jogging régulières, entre 20 et 40 minutes afin d'entretenir vos habilités cardio-respiratoires. Un vélo d'appartement peut très bien faire l'affaire, les prix ont considérablement chutés ces dernières années. Vous pouvez même réviser autre chose tout en faisant votre sport...malin non?

Les tests psycho-techniques écrits

Ces tests, souvent redoutés, à tort, sont désormais considérés comme faisant partie de la phase 1 du concours: l'admissibilité.
Pour des raisons pratiques, elle est abordée ici. Elle interviendra au moment des écrits pour le concours externe comme interne.

Surtout, elle n'est pas notée.

Sa durée est de 02H00. Tout est à l'écrit. Elle « *est destinée à mesurer les aptitudes intellectuelles et le profil psychologique des candidats et d'évaluer les aptitudes et un potentiel professionnel à exercer une fonction déterminée.»*

- Ne soyez pas méfiants et anxieux à l'idée que l'on vous fasse subir cette épreuve dans le cadre d'un tel concours. Les officiers de police et gardiens de la paix passent également une batterie de tests psychotechniques adaptés à ce qui est attendu d'eux par la suite.
Le but est d'abord de déceler une hypothétique pathologie psychiatrique grave ou un décalage de profil psychologique trop prononcé avec ce qui est attendu pour ce genre de poste. Rien d'autre.

- La bonne nouvelle, c'est qu'il n'est absolument pas recommandé de préparer cette épreuve, vraiment pas.

- Le but est d'être sincère, concentré et cohérent. Si vous allez à cette épreuve comme vous jouez au poker, le jury le verra immédiatement. Une partie du test est composée de plusieurs dizaines de questions dans un temps limité. Le bluff est facilement décelable.

- Chaque membre composant le jury de grand oral aura sous les yeux votre fiche synthétique de résultats à ces tests psychotechniques. Un psychologue est présent lors de cette épreuve du grand oral parmi les membres du jury. Il prononce quelques mots aux autres membres du jury sur votre fiche avant que vous ne rentriez dans la salle. C'est la même chose pour les autres concours de la Police Nationale.

- Cette fiche servira à cibler les mises en situation pendant le grand oral en fonction de ce qui ressort des résultats à ces tests.

- Simplement, il faut comprendre que ces tests se divisent en deux parties. La première est davantage tournée vers vos capacités intellectuelles, vous êtes testés sur des syllogismes, de la géométrie. La seconde vous met en situation de commissaire de police au sein d'un service: « comment réagissez vous si... ». Vous avez plusieurs réponses à chaque fois, vous cochez celle que vous désirez. Votre sincérité sera évaluée : la même question sera posée différemment et plusieurs fois à l'occasion de ces tests.

L'interprétation se fait par rapport au profil moyen d'un commissaire de police en fonction. Ainsi, le diagramme de résultat indiquera si vous êtes par exemple d'un profil plus créatif que la moyenne des commissaires ou moins, votre rapport à l'autorité, à l'engagement, etc.

Soyez sincères et cohérents.

Cette demi-journée passée, début avril, vous prenez le cap de l'admission et de la troisième phase: les oraux.

CHAPITRE 6 : Grand oral, les clés du succès sans stresser

Il s'agit de l'épreuve reine de la phase d'admission de ce concours, tant par son coefficient 9, que par la symbolique qu'elle représente : le candidat est devant l'ensemble du jury, sans aucun filtre, pendant 40 minutes.

C'est ici, que toi, ce futur commissaire de police, assurera sa place ou non au sein de l'ENSP deux mois après.

Cette épreuve n'a rien d'insurmontable, loin de là.

Elle se prépare méticuleusement, tant sur le fond que sur la forme.

Voici les clés qui me paraissent indispensables au succès de cette épreuve.

<u>Le grand oral : 40 minutes de passage devant le jury, coefficient 9.</u>

Préparer sa posture

La bonne posture est une posture adaptée à l'auditoire. C'est une règle générale de bonne communication. Adoptez-là pour cette épreuve afin de vous faciliter les choses.

Le but est de permettre à l'orateur de se faire comprendre en ayant une attitude adéquate.

Il est essentiel de bien comprendre que ce que l'autre comprend au-delà des mots passe par l'intention, l'expression et l'interprétation.

Á cet égard, la Loi dite de Mehrabian permet de saisir l'impact colossal du non verbal dans la mémorisation d'un message :

- 93 % des signaux non verbaux dont 55% apparence (attitude, gestuelle, comportement, visage, sourire...) et 38% le ton employé (voix, intonation, débit, silence…).
- 7 % (seulement!) pour les mots.

Savoir cela est fondamental dans la réussite de votre concours.

La conséquence est immédiate: le bon candidat, à défaut d'être brillant sur le fond de ce qu'il énonce ce jour là, se contentera de faire attention à ce qu'il dit tout en faisant le maximum pour exceller dans le non verbal. Je consacre systématiquement une partie de débriefing spécifique sur ce point à l'occasion de chaque jury blanc que j'organise.

Un candidat peut être excellent sur le fond et ne pas avoir le concours si dans le même temps qu'il parle, il a systématiquement les jambes croisées et agite un stylo entre ses doigts. Imparable.

Par conséquent, maîtriser sa communication non verbale est indispensable pour s'exprimer avec efficacité.

La préparation d'une intervention est la clé du succès.

Il est donc indispensable de bien préparer son exposé, de prendre conscience de son apparence et d'utiliser ensuite toute son énergie au développement du savoir être, du savoir agir sur soi pour réussir à adopter la bonne attitude.

L'objectif est unique: communiquer efficacement, c'est communiquer pour être compris...et avoir le concours.

* La bonne posture dépend de 4 paramètres:

1) Connaître son auditoire

Le but est de préparer son grand oral par rapport à l'auditoire, à savoir un jury composé de hauts fonctionnaires, responsables associatifs, psychologue.

L'objectif est donc de s'adresser à cet auditoire, en haussant son niveau de langage et d'expression pour être compris.

2) Avoir le comportement adapté à son discours

C'est un point essentiel. Je ne saurai que trop vous recommander de vous exposer dans le cadre de cette route vers l'obtention du concours vers un auditoire « jury blanc » afin d'obtenir au moins un retour extérieur sur votre comportement dans ces circonstances académiques particulières.

Le but est de préparer votre partition. Comment interpréter mon discours ? Je vous donne quelques clés dans la suite de ce chapitre aux différents moments de l'épreuve.

3) Avoir les bons réflexes

Il est recommandé d'exercer une écoute active lorsque vous n'avez pas la parole. La question à se poser est alors comment garder la posture et le ton adéquats ? Vous ne pouvez pas tout perdre en vous avachissant sur votre chaise ou en exerçant un mouvement de recul sur le dossier de cette dernière pendant que vous écoutez le jury, l'effet serez inconsciemment mauvais à votre égard.

4) Diminuer les tensions

Le but est de mettre tout en œuvre pour arriver dans une attitude sereine devant le jury. Il va s'agir de préparer son exposé, savoir respirer (un candidat qui ne maîtrise pas sa respiration sera vite en manque d'oxygène, ce qui provoque des instants de « malaise » avec le jury : « reprenez votre souffle quelques instants ! » ne tardera alors pas à déclarer l'un des membres du jury), utiliser son trac pour bien démarrer puisque les premiers instants sont décisifs.

Chapitre 6

La posture au cours de l'épreuve

- La réforme du 24 juillet 2023 a pour effet de ne plus proposer de sujet de culture générale à traiter devant le jury, que vous soyez candidat externe ou interne. Par conséquent, il n'y a pas de temps de préparation accordée à cette épreuve *«qui débute par une présentation du candidat d'une durée de 5 minutes au plus, permettant d'apprécier ses qualités de réflexion, ses connaissances d'ordre général, son comportement, son aptitude et sa motivation à exercer des fonctions de commissaire de police.»*

Vous êtes conduit devant la porte du jury par l'assesseur. Il attend avec vous le cas échéant. Vous voyez le candidat précédent quitter la salle. Voilà votre tour de faire votre entrée en salle pour le début de l'entretien.

Profitez de ces quelques minutes d'attente devant la porte pour faire des inspirations et expirations longues par le ventre. Une astuce consiste également à contracter volontairement les muscles du haut de votre corps pendant quelques secondes (en serrant les poings par exemple) puis à les relâcher subitement, cet état de relâchement dure ainsi quelques instants. Technique bien connue d'un sport comme le golf.

La posture est ici presque militaire, sans tomber dans la caricature. Vous faites un bon pas après la porte, vous vous arrêtez et dites distinctement « Madame ou Monsieur la/le Président du jury, Mesdames et Messieurs les membres du jury, bonjour. » Le Président du jury vous répond au nom du jury. « Bonjour ».

Vous avez ici une première « cartouche » pour faire bonne impression. Le président du jury peut ajouter ou non « asseyez-vous ». Peu importe. Une fois qu'il a répondu à votre bonjour d'entrée, vous parcourez le peu de distance qu'il vous reste pour vous mettre à niveau de votre table d'entretien. Vous vous mettez alors sur le côté de la chaise, les mains le long du corps et vous dites distinctement « A disposition du jury ». Le Président va alors vous intimer une première ou une seconde fois de vous asseoir. Vous tirez alors votre chaise et vous asseyez.

Les jambes sont neutralisées par un posé des deux pieds au sol, il convient de ne pas les croiser. Vous mettez les mains sur la table, jamais en dessous ou croisées. Vous vous assurez de ne rien avoir dans les mains, il est impensable de venir à un tel entretien avec un stylo sur la table, écartez cette possibilité. Il n'est pas non plus envisageable d'avoir un portable ou une montre connectée sur la table, prenez une simple montre pour gérer votre temps. C'est à vous pour 05 minutes.

-Votre posture est proactive pendant l'exposé de cinq minutes, c'est vous qui avez la parole, le jury est à votre écoute.

Une astuce pour maîtriser vos mains en ce jour si particulier où une future carrière se joue pour vous: mettez une main à plat sur la table, qui ne bouge pas, pendant tout l'exposé, et, au contraire, une seconde main, libre, qui décrit des mouvements légers au fur et à mesure de votre exposé. Vous voilà ainsi naturellement équilibré, même si vous êtes tendu, une main posée sur la table et une autre qui rythme votre exposé.

Si tout se passe bien pendant la phase des mises en situation et jusqu'à la fin de l'entretien, je vous recommande vivement d'avancer légèrement votre buste au dessus de la table. Cela signifie que vous vous engagez, que vous ne craignez pas le jury et que vous êtes ouvert à la discussion, voire à la controverse.

Lorsqu'il s'agit de questions de motivation personnelle et diverses, vous pouvez utilement marquer des blancs dans vos réponses lorsqu'il s'agit de vous, de questions personnelles comme « Pourquoi commissaire de police ? » ainsi qu'une utilisation de phrases plus courtes donc plus percutantes.

Voici en résumé les différents outils que vous pouvez vous approprier pour le grand jour. Surtout, ils sont faciles à mettre en œuvre.

Soigner l'apparence

	À utiliser	**À proscrire**
Gestuelle et positionnement	<ul><li>Ancrage et espacement des pieds</li><li>Droiture de la colonne</li><li>Souplesse</li><li>Déverrouillage des genoux et du bassin en position debout</li><li>Dos décollé du dossier en position assise</li><li>Respiration</li><li>Concentration</li></ul>	<ul><li>Mains jointes derrière le dos ou dans les poches</li><li>Bras croisés</li><li>Coudes serrés sur le torse</li><li>Piétinement</li><li>Bascule du bassin sur les côtés</li><li>Crispation de sourcils</li><li>Absence de gestes</li><li>Auto-contact (se toucher l'œil, un stylo, le nez, se recoiffer …)</li><li>Transpiration</li><li>Mains tremblantes</li></ul>
Regard	<ul><li>Considérer l'auditoire</li><li>Regarder en face</li><li>Se concentrer en silence</li></ul> Regarder son auditoire, permet d'accroître sa crédibilité, c'est la marque d'un engagement personnel.	<ul><li>Lire son exposé</li><li>Regarder le sol, le plafond ou les côtés</li><li>Perdre son regard dans le vague</li><li>Ne pas regarder son interlocuteur</li><li>Avoir un regard fuyant</li></ul>

Sourire	<ul><li>Positiver le message</li><li>Attirer l'attention et la sympathie</li><li>Dynamiser l'intervention</li><li>Susciter la confiance</li></ul>	<ul><li>Visage terne et inexpressif</li><li>Crispation des lèvres</li></ul>

Poser le ton

	À utiliser	**À proscrire**
Silence	<ul><li>Démarrage: silence initial</li><li>Ponctuer le discours par des silences et pauses</li><li>Capter l'attention et interpeller</li><li>Accentuer l'importance de certains passages de son intervention</li><li>Prendre le temps de maîtriser son stress, de se concentrer</li><li>Reprendre la maîtrise de l'entretien</li><li>Se poser pour optimiser sa posture</li></ul>	<ul><li>Parler sans interruption</li><li>Remplacer les silences par des interjections comme « OK, Euh, Hum, Eh bien... »</li><li>Remplacer les silences par des soupirs</li></ul>

	et son charisme.	
Voix	• Donner vie à son discours • Porter sa voix • Adapter le volume • Moduler • Savoir respirer • Utiliser la voix de circonstance.	• Ton monocorde • Fin de phrases qui chutent • Ronronnement musical • Perte de sa voix • Perte de son souffle • Perte de salive
Débit	• Varier le débit suivant les passages de l'exposé • Utiliser le bon rythme • Perfectionner sa diction • Donner du relief à son intervention avec des variations de ton, de modulations	• Débit rapide • Phrasé monotone • Mauvaise diction

Maîtriser les mots

	À utiliser	**À proscrire**
Choix des mots	• Phrases courtes • Simplicité des mots • Partir de l'objectif et s'y tenir • Bien cibler son discours • Préparer des phrases chocs.	• Phrases longues • Mots complexes • Mots parasites « quand même » « effectivement » • Mots dévalorisants « pas vraiment, petit, pas tout à fait... » • Mots d'excuses

		« gêne d'être là, manque de préparation, excuse de prendre la parole ».
Répétitions des mots-clés	• Définir avec précision les idées fortes • Répéter les mots-clés au minimum 4 fois permet de renforcer le message et de s'assurer de sa compréhension	• Utiliser trop d'idées à la fois, se perdre et perdre l'attention de l'auditoire.
Questions	• Commencer son discours par une question permet d'interpeller son auditoire • Utiliser les questions favorisant les changements de paragraphes ou d'idées comme tremplin de transition.	• Questions à double sens paralysantes • Questions réclamant une réponse
Utilisation du « Nous » et du « Je »	• Utiliser le « nous » et le « je » selon les circonstances • nous: sentiment d'appartenance, partage des valeurs,	• Le « je » empêche parfois de fédérer.

	fédérateur • je: sécurité et implication	
Mémoire visuelle	• Analogie • Anecdotes • Dessin image ou graphisme	• Devenir la cible visuelle • Se noyer dans les descriptions

Gérer l'exposé: les 05 premières minutes sont à vous

Au delà des questions de forme, il y a un sujet à traiter et surtout dix minutes à prendre la parole, sans jamais être interrompu, devant le jury, qui aura à évaluer votre capacité, ou non, à embrasser la carrière de commissaire de police.

Á ce stade de votre analyse stratégique du concours de commissaire de police, c'est une véritable aubaine. Vous êtes parvenu à l'épreuve décisive, coefficient 09, la durée totale et impérative est de 40 minutes, vous avez les 05 premières minutes où vous dites absolument ce que vous voulez au jury. Il ne restera donc à l'issue que 35 minutes. A contrario, si vous ne prenez pas les 05 minutes allouées et vous interrompez avant, il en restera plus de 35 avec un a priori très défavorable à l'esprit du jury. Autrement dit, cela n'est pas concevable à ce niveau.

Pour les candidats les plus pointilleux, je porte à votre connaissance que le jury n'a aucune marge de manœuvre sur le temps de l'épreuve dans un souci d'égalité entre les candidats. Une sonnerie retentira au bout des 05 premières minutes si vous n'êtes pas parvenu au terme de votre exposé. Vous aurez alors l'opportunité de simplement finir votre phrase. N'essayez pas de jouer avec le jury là dessus, ce sera peine perdue. En outre, à la fin des 40 minutes, une sonnerie retentie, c'est fini quoi qu'il arrive, vous aurez là aussi, avec l'accord du jury, l'unique possibilité de terminer votre phrase.

À compter du concours 2024, les candidats seront invités à se présenter lors des 05 premières minutes de l'entretien.

Je porte à votre connaissance que l'arrêté du 24 juillet 2023 précise que « *les membres du jury disposent de la fiche de renseignements remise par le candidat décrivant sa formation, ses expériences professionnelles, ses principales compétences et ses motivations.* »

Veillez donc à bien garder une copie de vos réponses fournies lors de l'inscription afin d'avoir une cohérence totale entre vos écrits et votre exposé.

Cet exposé de présentation revient à répondre à une question « **pourquoi voulez-vous être commissaire de police ?** ».

Je propose une méthode simple et facilement applicable pour répondre à cette question. Le but est de commencer par prendre votre CV à jour et réunir trois éléments principaux qui permettent de répondre concrètement à cette question. Il n'est pas concevable de répondre des généralités qui pourraient s'appliquer au candidat précédent ou au suivant. Il importe que vous personnalisiez et valorisiez votre parcours à ce moment de l'entretien.

Il n'y a pas de synthèse du renseignement territorial sur vous à disposition du jury, c'est une légende. Seuls les admis sont contactés par ces derniers à l'issue du concours.

Si vous ne vous valorisez pas à ce moment de l'entretien, d'autres candidats le feront et vous n'aurez pas la possibilité de le faire à un autre moment. Il s'agit donc d'être totalement préparé sur cette séquence et de la dérouler dès la première minute de l'entretien.

Cinq minutes, c'est court, ne pensez pas le contraire.

Il s'agit d'un concours de catégorie A+, de la haute fonction publique. Par conséquent, il est attendu que vous vous présentiez avant de rentrer dans le vif du sujet.

Je vous propose une préparation et un déroulé de cette séquence entretien en 04 temps, répondant chacun à un attendu, implicite ou explicite, du jury. Il s'agit aussi de distiller sciemment des éléments de différenciation sur lesquels vous pariez que le jury reviendra dessus dans un second temps en vous questionnant.

1) Qui êtes-vous?

Le but est de commencer par présenter votre état civil: nom, prénom, âge, marié, célibataire, enfants. Je vous recommande également d'indiquer votre lieu de naissance, cela peut constituer une première « balise » utile à disposition du jury sur laquelle vous souhaitez que l'on revienne vous interroger dessus dans la seconde partie.

Par exemple, cela peut être une question sur un monument architectural caractéristique de cette ville ou une personnalité célèbre. Cela est tout à votre avantage. Vous ne perdez rien si aucun membre du jury ne vous interroge sur ce détail sciemment glissé, vous avez tout à gagner si vous passez deux minutes cordiales de ce grand oral sur une question « géographique/ culturelle » à votre avantage.

Pour un candidat externe qui exerce une activité professionnelle et un candidat interne, je vous suggère d'indiquer brièvement, sans détails votre poste actuel. Cela achève cette première partie de votre entretien.

2) Quel est votre cursus académique?

L'objectif est d'énoncer au jury votre parcours universitaire, étape impérative sur le chemin d'un candidat au concours de commissaire de police. Je vous recommande de débuter à la Licence obtenue, en détaillant la spécialité du Master puis Master 2. Vous mentionnerez subtilement la classe préparatoire éventuellement accomplie pour préparer le concours : CPI, Clermont-Ferrand pour les internes, IEP, ...

Vous venez de montrer au jury avec l'énoncé sérieux, déterminé et organisé de ces deux premières parties que vous maitrisez les régles élémentaires de courtoisie indispensables à l'exercice de vos futures fonctions. C'est aussi et surtout l'occasion de vous installer dans ce grand oral : vous maitrisez inévitablement le fond du sujet, vous en profitez pour poser le ton de votre voix, prendre le rythme d'une bonne respiration et surtout une bonne dose de confiance. Vous êtes en place.

3) Vos éventuelles formations annexes (développer ses compétences)

Il s'agit içi de faire part au jury de compétences formalisées par l'obtention d'un brevet. Il peut s'agit de secourisme, de secours en montagne, de tirs, de parachutisme, ...

Vous donnez à nouveau des éléments au jury de venir vous interroger sur des éléments de différenciation par rapport à un autre candidat, ceci en votre faveur, puisque vous souhaitez par dessus tout que votre candidature apparaisse comme atypique au sens positif.

4) Pourquoi voulez-vous être Commissaire de police ?

Vous êtes alors parvenu au cœur du sujet. Vous êtes en confiance, il est temps de dévoiler au jury pourquoi vous êtes là. Je vous recommande de veiller à avoir encore 50% du temps imparti à votre disposition, soit environ 2 minutes et 30 secondes.

Chapitre 6

Les trois familles d'arguments classiques peuvent être « *la volonté d'exercer un management opérationnel* », « *mon appétence pour la sécurité/ défense qui s'est concrétisée par des stages* », « *mon/ mes engagements associatifs où j'ai démontré que j'aimais prendre des responsabilités* », ou sa variante « *ma pratique sportive de tel sport qui m'a appris la maîtrise de moi-même, le sang froid et l'effort physique comme mental* ».

Le but est de mettre cela en valeur en termes d'expression orale. Vous prenez un air grave, ça y est, là on va parler de moi, de ce que je suis, c'est le moment clé de cet entretien. Voilà ce que doit ressentir votre jury.

Vous dites : « *je souhaite être commissaire de police pour trois raisons majeurs.* » Le point est l'élément essentiel de cette phrase. Il est aussi regrettable que désastreux de voir les candidats se lancer dans une diatribe infinie, sans respirer et où le jury serait bien incapable de retenir quoi que ce soit au final.

- Vous joignez alors la gestuelle à la parole en montrant trois avec trois doigts de l'une de vos mains. Cette main ne cessera plus d'indiquer où vous en êtes dans vos arguments jusqu'à la fin de cette question. Regardez la plupart des invités d'un 20 heure lorsqu'ils s'expriment ainsi.

– Vous montrez alors au jury un doigt, commencez évidemment par le pouce. Vous dites «*Première raison: je souhaite effectuer du management opérationnel.*» Vous montrez subtilement votre capacité à faire la différence avec le commandement, propre aux métiers militaires et au simple management, propre aux autres concours de même catégorie. (Cf chapitre 1 pour les explications sur ce point).

– Vous tendez un second doigt tout en énonçant « *Seconde raison : mon appétence pour la sécurité/ défense* ». Vous évoquez alors sans rentrer dans les détails les stages que vous avez effectués.

– Vous tendez alors un troisième doigt tout en invoquant au jury « *Troisième raison, mon engagement associatif/ sportif...* ».

Le fait de ne pas développer jusqu'au bout de chaque argument est volontaire. Vous tendez la main au jury afin qu'il vous pose une ou plusieurs questions sur votre parcours, ce que vous souhaitez évidemment par dessus tout. Vous donnez l'envie au jury d'en savoir plus lors de votre énoncé. Le temps consacré à cette partie est en votre faveur: vous parlez de vous, vous l'avez préparé, vous avez des arguments et ce sont tout autant de questions en moins qui pourraient être moins profitables pour vous.

BONUS EXCLUSIF: Je vous invite à m'écrire un mail à l'adresse courriel toicefuturcommissaire@yahoo.com **avec votre CV. Je vous enverrai votre analyse personnalisée des trois points essentiels que vous pouvez judicieusement mettre en valeur à l'occasion de votre grand oral ou dès le stade de la fiche de renseignements personnels que le jury aura sous les yeux à l'occasion de votre passage.**

Il est ici indispensable de raisonner en stratège.

Vous serez probablement et logiquement sous pression dans ces premiers instants de prise de parole. Assurez le coup: cela doit être le moment de votre exposé où l'intégralité de l'introduction est quasiment connue, apprise par cœur.

Cela vous permettra de poser votre voix et d'adapter votre respiration.

Au bout d'une minute, vous serez en phase d'exposé, plus spontané et naturel.

En outre, il s'agit de faire preuve d'empathie vis à vis du jury. Ce dernier voit défiler de nombreux candidats durant toute la journée.
Ce sont autant d'exposés différents qui s'enchaînent...et donc autant de moment ou l'esprit du jury peut facilement et humainement divaguer sur les tracas du quotidien: dossiers en cours au bureau, soucis personnels, etc.

Chapitre 6

L'entretien avec le jury: 35 minutes de dialogue en plusieurs séquences

*1 ERE SÉQUENCE: QUESTIONS SUR L'EXPOSÉ PENDANT ENVIRON 10 MINUTES

Sitôt achevé votre exposé, le jury va vous questionner dessus. Si votre exposé à fait bonne impression, c'est souvent l'occasion d'approfondir le sujet et de jauger votre personnalité, c'est alors d'avantage un dialogue qui s'instaure entre vous et le jury. Au contraire, c'est l'opportunité pour le jury de revenir sur d'éventuelles incohérences ou propos mal compris.

Le but est de rester courtois, déterminé et pédagogue en toutes circonstances. C'est vous seul qui serez noté à la fin de l'épreuve, aucun membre du jury, c'est une différence notable quant à la posture à avoir durant les 40 minutes.

En cas de question provocatrice, pensez à une célèbre tactique d'un homme politique français « lorsqu'un journaliste me pose en direct une question générale à laquelle je ne sais trop quoi répondre, je réponds technique et à l'inverse, en cas de question technique, je réponds général». Je trouve que cette méthode s'applique à merveille à ces 10 minutes de l'entretien, elle vous empêchera de tomber dans l'effet redoutable du « question pour un champion », piège de tout candidat.

Un candidat qui ne développe pas ses réponses en y répondant trop succinctement lors de cette partie de l'entretien s'expose rapidement à l'effet d'enchaînement continue de questions, pouvant lui occasionner une perte de moyen...et donc de l'entretien...voire du concours.

Il est communément admis à ce genre de grand oral que vous pouvez aisément et sans risque dire une fois à votre jury « je ne connais pas la réponse à cette question ».

Vous ne pouvez pas le dire deux fois sans être pénalisé, cela reste un concours.

La méthode n'est évidemment pas de répéter inlassablement cette phrase, assassine pour vous-même et votre note finale. A partir de la seconde occurrence, il convient de temporiser. Une méthode assez simple que je vous suggère est de répondre, en ne parlant pas trop vite afin d'être sur de ne pas tomber dans l'effet « questions pour un champion » : « *Je ne connais pas la réponse à cette question, par contre, je vous propose de me donner un indice ou de me la poser différemment afin que je puisse vous répondre* ».

Vous gardez ainsi la tête froide et démontrez tout à la fois votre détermination et votre capacité à communiquer avec autrui. A coup sur, le jury répondra favorablement à votre réponse en reformulant ou vous proposant un élément de réponse. Cela fait au moins une minute d'entretien de passée...l'horloge tourne.

Attention également à ne pas vous contredire sous l'effet de plusieurs questions du jury. Prenez position en argumentant, et tenez cette position, en nuançant au besoin, jamais en défendant le contraire quelques instants plus tard. L'effet est désastreux sur le jury.

Je vous propose de réaliser à présent deux petits exercices qui vous seront très précieux pour le reste de votre préparation.

1) Il vous suffit de demander à au moins deux personnes de votre entourage 05 minutes de leur temps, pas plus. Vous demandez à l'une des personnes de s'asseoir seul devant vous, sur une chaise avec une table devant, précisément votre position au moment du grand oral. Vous vous installez alors en face avec la ou les autres personnes que vous avez sollicités. Vous êtes assis sur une chaise avec une table devant vous.

Vous prenez alors l'initiative de questions- réponses sur un sujet que vous avez défini avec la personne en face. Vous avez saisi le but de l'exercice, vous voilà dans la peau d'un jury de grand oral pendant quelques minutes. La personne en face ne peut absolument pas vous poser de questions, c'est vous qui menez l'entretien.

Cet exercice fut une révélation dans le cadre de ma préparation, il m'a servi jusqu'à l'ultime moment de l'entretien. Vous vous rendez alors compte qu'être jury, c'est aussi un exercice en tant que tel, avec une posture et des attitudes en fonction de son vis-à-vis: le candidat.

Ce que je souhaite que vous compreniez, c'est que le jury ne fait pas forcément état de ses propres opinions, il réagit bien souvent au candidat et son exposé. Un grand oral peut se dérouler bien différemment selon que vous traitiez votre présentation initiale de telle ou telle façon.

La phase ultime de l'entraînement, c'est lorsque le candidat acquiert la faculté de proposer un exposé dont il sait quasiment à l'avance les questions qui vont lui être posées, en argumentant peu à dessein tel ou tel argument afin d'attirer une question du jury dessus.

Ce n'est pas si difficile, entrainez-vous!

2) Il s'agit de vous filmer à l'aide de votre smartphone en train de réaliser les 05 minutes de présentation devant le jury. Ce sera l'occasion de vérifier que votre élocution est bonne, votre posture est correcte et que votre exposé est structuré, compréhensible par quelqu'un qui ne vous connaît pas. Pour cela, je vous recommande d'ailleurs de montrer cet entrainement à certains de vos proches afin de recueillir leur avis spontané.

Ce sera également le meilleur moyen de vous habituer le plus naturellement possible à calibrer votre présentation en 05 minutes.

* 2 EME SÉQUENCE : MISES EN SITUATION : 10 MINUTES

Il s'agit généralement de la séquence la plus redoutée par les candidats externes. A l'inverse, c'est celle la plus attendue par les candidats internes ou « faux externe », qui souhaitent faire valoir leurs connaissances pratiques à cette occasion.

Le candidat va faire l'objet de mises en situation. L'objectif est de mettre le candidat en situation quotidienne de commissaire de police sur certaines séquences de la vie policière, volontairement exagérées et peu nuancées. Il est alors attendu du candidat qu'il fasse davantage preuve de bon sens, d'esprit de logique et d'actions responsables plutôt qu'il ne s'exprime en technicien, ce qu'il ne peut être en tant que candidat à la fonction.

Le but d'un concours est aussi de savoir utiliser à différents moments les connaissances acquises afin d'optimiser son temps et donc son énergie. Pour cette séquence du grand oral, il est judicieux de se réapproprier les éléments de langage de l'épreuve écrite de cas pratique à partir d'un dossier administratif.

Si vous n'avez pas le temps d'appliquer à l'oral un plan d'action à la problématique qui va vous être posée, vous pouvez utilement répondre en utilisant les éléments de langage présentés au chapitre 4, qui feront bonne impression au jury.

Vous établirez en outre une communication performante en faisant l'effort de vous mettre au niveau de l'univers de la plupart des membres du jury. Vous serez en conséquence plus facilement compris. Vous enclenchez un cercle vertueux et positif en votre faveur.

Les mises en situation du jury sont souvent liées aux traits psychologiques du candidat indiqués sur la feuille de compte rendu des tests passés précédemment. (Chaque membre du jury en détient un exemplaire sous les yeux durant le grand oral). L'objectif n'est pas de vous piéger, mais plutôt de mieux vous évaluer par rapport au poste sollicité.

- Exemple classique: évacuation d'une occupation illicite de terrain au moyen de caravanes et de véhicules

Un membre du jury vous énonce la mise en situation suivante; sans transition par rapport à la séquence précédente de reprise des questions sur votre exposé. *«Vous êtes commissaire central adjoint d'une circonscription de sécurité publique. Votre N+1 supérieur hiérarchique est en congés. Vous assurez l'intérim. Vendredi après-midi, 16h, vous recevez un appel téléphonique du Préfet. Il vous indique qu'une compagnie de CRS sera présente le lendemain matin à 06h00 du matin devant un camp de gens du voyage « sauvage » implanté depuis de nombreuses semaines sur la ville principale de votre circonscription. Il vous indique de vous y rendre et de prendre la tête des opérations d'évacuation en tant qu'autorité civile. Que faites-vous? »*

Il n'est pas attendu que vous preniez des notes lors de cette séquence, tout comme il ne vous ait pas accordé de temps de réflexion. Il est nécessaire d'être très concentré et de réagir avec bon sens.

Les bons réflexes:

1) **Utiliser l'interrogation pour réfléchir et avancer avec le jury.** Dans le cas d'espèce, vous pouvez judicieusement demander si *« un dossier papier existe ? Le commissaire central était prévenu ? »*. Cela montre votre bon sens et vous permet de réfléchir en même temps plus aisément sur la résolution du cas pratique.
Vous sentez alors venir le jury...il s'agit d'un cas pratique dit «de l'ordre manifestement illégal», un classique lors de ce grand oral afin de voir si le candidat à un rapport équilibré à l'autorité.

2) **S'engager rapidement dans une réponse.** La pire attitude est celle de ne rien dire ou ne rien proposer. Vous aspirez à être un futur cadre, à vous d'assumer.

Dans le cas d'espèce, vous n'êtes pas censé savoir qu'il est nécessaire d'avoir une décision de justice ou un arrêté préfectoral, suivant le cas d'espèce et le lieu d'implantation du camp, préalablement à son évacuation par la force publique.

Ainsi, vous indiquez qu'en l'absence de votre N+1, vous appelez le N+2, Directeur départemental de la sécurité publique.

Le jury va être obligé de vous répondre et de faire évoluer le cas pratique en fonction de vos réponses. Celle-ci évite facilement le piège de foncer tête baissée à une simple injonction...par téléphone.

Au contraire, si vous décidez d'y aller, le jury va voir jusqu'où vous êtes capable d'aller, le cas va alors tomber dans le grotesque: il y a des blessés parmi vos troupes et les gens du voyage, les caméras de télévision filment en direct. La cabinet du Ministre appel pour demander ce qu'il se passe. Etc.

3) Le jury va rapidement chercher à vous faire changer d'avis en vous posant des questions inverses.

Le membre du jury A vous propose « *de faire évacuer le camp, c'est quand même le préfet, qu'attendez-vous, allez-y, faites confiance !* ». Vous commencez à répondre, « *effectivement, je prépare le maintien de l'ordre pour le lendemain* ». Alors le membre du jury B prend la parole et énonce « *vous êtes bien sur de ce que vous êtes en train de faire ? Avez-vous une autorisation judiciaire ou administrative formelle et notifiée préalablement aux personnes incriminées en votre possession ?* ». Le risque est alors que vous fassiez réponse inverse en suivant inlassablement la dernière injonction du jury.

C'est l'attitude à bannir.

Exemple 2 : « *Vous êtes commissaire, chef de circonscription d'une ville moyenne de province. Il est 11h, vous êtes appelé par le téléphone interne, c'est l'agent d'accueil qui vous annonce qu'un individu est en bas et ne cesse de répéter qu'il a placé une bombe dans l'une des écoles maternelles de la ville, elle va exploser dans 10 minutes. Il répète cela en boucle. Il y a 7 écoles maternelles dans la ville. Que faites-vous ?* »

L'objectif est de jauger votre réactivité, votre sens des responsabilités et votre esprit de leadership.

La pire attitude est ici la tergiversation et l'absence de décision.

Chapitre 6

Adoptez un raisonnement simple, quitte à l'exprimer à haute voix au profit du jury. Il y a évidemment de très fortes chances que l'individu soit une personne dite déséquilibrée mentale et affabule. Par contre, rien ne vous permet d'écarter que cela soit avéré et qu'un drame se produise effectivement dans quelques minutes au sein de votre ville. Soyez alors logique: a votre avis, quelle attitude adoptée? Celle où on attend 10 minutes, on constate qu'il ne s'est rien passé et on fait conduire l'individu en service psychiatrique de l'hôpital le plus proche en ne dérangeant personne. Ou au contraire, vous faites immédiatement comme si une bombe était réellement en place dans l'une des écoles et aller exploser?

Reformulez comme cela, vous avez deviné la bonne attitude à adopter.

Dans ces mises en situations, il est nécessaire d'être concentré sur les détails qui vous sont énoncés. Dans le cas pratique précédent, c'était « l'appel téléphonique » (absence de trace écrite). Ici, c'est le fait que vous n'avez que 10 minutes pour agir. Concrètement, ne proposez pas de dialoguer avec l'individu, de faire une perquisition à son domicile, de l'interroger ou pire de le menacer ou le frapper.

Il y aura très probablement un membre du jury pour vous pousser à la faute en vous indiquant *« Vous attendez quoi pour le mettre dans une pièce à l'abri du public et le secouer, voire le frapper, il y a des centaines de vies d'enfants en jeu, vous êtes un chef ou quoi ? »*.
Cette hypothèse est impensable, impossible et inapplicable en aucune circonstance autre que la légitime défense ou l'état de nécessité, qui ne s'appliquent pas à de simples paroles.

Le bon sens est de faire évacuer immédiatement les 07 écoles maternelles de la ville. Vous donnez l'ordre de les appeler (attention, vous n'avez pas le temps d'y conduire des patrouilles pour annoncer la chose). Le jury vous conduira à cette réaction, le but est que cela vienne de vous le plus rapidement possible.

Raisonnez globalement: vous faites évacuer les écoles et il ne se passe rien au final, la population sera heureuse d'avoir un commissaire de police qui a pris la décision de protéger la vie face à un risque non vérifié et non vérifiable dans le temps imparti. Une évacuation est finalement un bon exercice pour le personnel en place.

Vous faites évacuer et une bombe explose réellement 10 minutes après, vous êtes un héro, vous avez sauvés des dizaines de vie.

- Les thèmes relatifs à la consommation d'alcool au sein d'un commissariat, le sexisme, le harcèlement, la violence, la déontologie, la prévention du suicide sont très prisés des membres du jury.

* 3 EME SÉQUENCE : MOTIVATION ET QUESTIONS DIVERSES

La fin de l'entretien est consacrée à des questions généralistes.

Il est impératif d'être prêt à répondre à des questions comme, « Trois qualités/trois défauts qui vous caractérisent ? » « Pourquoi vous ne passez pas l'ENM ? ».

Ne vous relâchez pas, s'agissant de questions davantage personnelles, il est attendu que vous soyez précis, déterminés et peu hésitants. Il est toujours étonnant de voir des candidats ne pas savoir énoncer 3 qualités/ 3 défauts les concernant.

L'entretien se poursuit jusqu'à la 40 éme minute, il n'y aura aucune minute supplémentaire, ni en moins. Soyez vigilant à rester concentré et alerte jusqu'au bout. Lors de cette séquence, il est fréquent d'avoir des questions déroutantes et quelque peu décalées comme *«Pensez-vous que le maquillage soit nécessaire pour un homme?»*. Question posée à un candidat masculin. Sans transition, la question suivante était *« Le viaduc de Millau est-il une œuvre d'art ? »*. Il est recommandé de rester sérieux, de ne pas répondre trop vite ni trop court sur ce genre de questions. Le but est à nouveau d'éviter la batterie de questions et « l'effet questions pour un champion » nocif pour le candidat, notamment au niveau physiologique sur la respiration et la concentration. Dit autrement, vous pouvez perdre totalement la main.

Sur ce genre de questions de fin d'entretien qui n'ont pas grand intérêt pour le concours, si ce n'est observer une dernière fois votre capacité de concentration et de répartie, vous pouvez aisément, et seulement à cette occasion, user du « en même temps ».

Reprenons les deux exemples de questions avec cette méthode.

1)   Sur l'intérêt du maquillage masculin. Il est très peu probable que vous en usiez personnellement. Plutôt que prendre un air ahuri ou un rire nerveux du plus mauvais effet, répondez *« je n'en utilise pas personnellement afin de rester le plus naturel possible. Aussi, je comprends que certains hommes puissent avoir besoin de masquer (maquillage = masquer) voire protéger un grain de peau plus fragile ou vieillissant, essentiel dans certaines activités professionnelles ou artistiques ou le paraître importe beaucoup.»* En confiance, vous finissez par *« la crème solaire, par contre, c'est pour tous »* avec un léger sourire.

Vous voyez la différence entre un « oui » ou « non » abrupt de votre part qui appelle immédiatement une autre question et une réponse fine où vous monopolisez une minute sans heurter aucun membre du jury sur un point dont vous savez pertinemment qu'il ne présente aucun intérêt sur le fond pour le concours.

2)   Sur le viaduc de Millau. Même méthode. *« Je pense que le Viaduc de Millau répond de prime abord à une fonction utilitaire au profit du transport routier sur un axe nord-sud très fréquenté en France. C'est à mon sens l'objet de sa construction. Il est en même temps possible de remarquer l'effort de créativité exceptionnel de ses concepteurs qui ont réalisé une prouesse visuelle autant que conceptuelle. »* Que voulez-vous que le jury vous rétorque à cela ? « Bien, question suivante ». Une minute de passée en plus, en votre faveur.

* Un conseil sur ce genre de questions à un concours. Vous n'avez peut être pas d'avis personnel. Vous avez seulement quelques secondes pour articuler oralement une réponse, vous jouez l'obtention d'un concours. À défaut d'avoir un avis, choisissez toujours le point valorisant, positif de la question plutôt que celui négatif ou dévalorisant. Ne prenez aucun risque à ce stade de l'oral et de votre concours.

–   « Le maquillage masculin est une hérésie, je ne comprends absolument pas la métro-sexualisation contemporaine de la gente masculine, je m'y oppose ».
–   « Le viaduc de Millau n'est pas une œuvre d'art, ce n'est pas un tableau de Delacroix, il n'a pas sa place au Louvre, cela reste un moyen de relier deux points hauts. »

Je suppose que vous voyez tout de suite la différence et l'impact que cela peut produire sur le jury...composé de 10 personnes environ aux sensibilités très différentes.

L'entretien s'achève à l'annonce du jury. Vous réunissez calmement ce qu'il y a sur la table, vous vous levez et debout, face au jury énoncez distinctement «madame ou/ monsieur le Président du jury, mesdames et messieurs les membres du jury, au revoir ». Vous vous retournez et quittez la pièce en silence. Une fois seulement la porte fermée, vous pouvez vous relâcher.

Les critères d'évaluation du candidat

*Il y a quatre critères principaux d'évaluation du candidat qu'il convient de connaître:

1) Avoir des connaissances générales honorables. C'est bannir les connaissances mal maîtrisées, qui risqueraient de mettre le candidat en porte à faux vis-à-vis d'un jury expert sur le domaine. Il y a entre 10-15 personnes dans le jury : autant de chance de tomber sur un amateur de KANT ou un passionné d'art contemporain…il est donc essentiel d'employer des références connues et maîtrisées. A défaut, s'abstenir.

2) Une grande ouverture d'esprit et une bonne capacité de jugement.

Il s'agit ici de savoir utiliser les paradoxes et apporter un raisonnement pragmatique, de futur décideur.

Par exemple, je vous recommande d'utiliser dès que possible ce genre de sondages très sérieux. Janvier 2022, Sondage CEVIPOF.

La question posée a un panel de personnes représentant la population française dans sa diversité était de connaître leur état d'esprit sur la vie politique française. « lassitude » pour 40% des sondés, « climat de méfiance » pour 37%. Ce sont les deux mots qui résument le plus l'état d'esprit de la population actuellement. Cela est très évocateur.

Il est à noter que le baromètre existe depuis 2009, c'est la première fois que les français sont aussi méfiants (37 % soit plus 14% par rapport à 2021.), ceci sur 10 500 personnes interrogées selon un panel représentatif. « l'enthousiasme » est cité par seulement 07% des sondés, en outre, « le sentiment que le niveau de vie s'est dégradé est à 45% » contre 09% des sondés qui constatent une amélioration de ce dernier.

Dans un sondage IFOP de décembre 2021, une majorité de citoyens estime que ces derniers doivent prendre une part plus importante dans le processus démocratique (84%). Ils sont 54% à estimer que la démocratie ne fonctionne pas bien aujourd'hui en France.

A nouveau, le but est de trouver des paradoxes pour les exposer, en analyser les risques et surtout y proposer des solutions concrètes.

Pour continuer sur l'exemple du sentiment de la population par rapport à la vie publique, vous pouvez remarquer en paradoxe qu'il apparaît néanmoins un regain contemporain massif pour l'engagement associatif, plus sélectif et individualiste : l'individu-citoyen choisit de s'investir dans un espace social qui correspond davantage à ses aspirations personnelles et la défense de causes spécifiques. Ceci à la différence des syndicats et partis politiques, à vocation collective, qui n'ont jamais eu aussi peu d'adhérents qu'actuellement, en dépit parfois de la gratuité même de l'adhésion.

Ce sont des statistiques a utiliser sans retenue le jour du concours, elles permettent d'interpeller le jury, d'illustrer votre argumentation et de susciter un rebond utile par une question autre d'un membre du jury, ce que vous recherchez avant tout sur un tel sujet.

3) L'expression orale.

Le but est d'employer un vocabulaire divers et varié, savoir manier la nuance et l'argumentation. Une bonne expression orale commence par repérer ses éventuels tics de langage et les bannir. Pour cela, il suffit de vous filmer en train de faire un exposé de 10 minutes et de vous regarder : y a t'il des « euh » « alors » « ainsi » toutes les phrases ?

La connaissance des synonymes importe également. Au lieu de dire trois fois « je pense que » en une minute, le bon candidat enchaînera un « je pense que ... » puis « il me paraît judicieux que.. » puis « il est à mon sens opportun que ». Cette richesse du vocabulaire pour exprimer une même chose est essentielle et démontre la qualité d'une expression orale.

Vous trouverez de nombreuses méthodes pour vous exercez et vous améliorez dans les tableaux proposés au début de ce chapitre sur la maîtrise de l'aspect formel tout au long de cette épreuve.

4) L'aptitude à prendre des responsabilités.

Le passage devant le jury est le seul moment où le candidat est directement et physiquement confronté au jury. C'est le moment où sa personnalité est évaluée. Le candidat admis sera chef de police dans les 24 mois suivants ce grand oral. Il doit donc démontrer au jury qu'il détient les capacités d'être un futur partenaire (les membres du jury sont des partenaires fréquents du commissaire de police en fonction : magistrats, avocats, présidents d'associations, préfet, psychologue,…). En clair, hiérarchiser vos idées, assumer des positions (républicaines et en accord avec les lois en vigueur).

*Au final, voici ce qu'indique le jury du concours dans son rapport public 2022 sur « l'évaluation » des épreuves d'admission:

«La définition des critères a donné lieu à l'élaboration de la grille d'évaluation validée collégialement par les membres du jury.

Les critères retenus pour permettre l'évaluation des candidats sont listés comme suit:

- La qualité de l'expression de l'exposé (clarté de l'expression, structure de la présentation, maîtrise du temps, force de conviction, compréhension du sujet, réflexion et argumentaire)

- Les compétences liées aux situations et à l'action (capacité à gérer des conflits, à décider, organiser, animer, à mobiliser, susciter l'adhésion, à s'affirmer, à déléguer et contrôler, à rendre compte)

- Les compétences liées à la connaissance et à l'analyse de son environnement (capacité à comprendre et intégrer et transmettre un cadre déontologique, à comprendre la sociologie d'une organisation et les motivations pour le métier en lien avec une vision réaliste du métier)

- Les compétences liées à la relation (capacité à communiquer et dialoguer, à travailler en partenariat, à représenter l'institution à l'extérieur)

- Les compétences comportementales (aptitudes relationnelles, organisationnelles et contextuelles. »

Chapitre 6

Thèmes d'actualité

Afin de gagner du temps et pour étayer votre argumentaire tout au long de cette année de concours, voici une liste non exhaustive de thèmes d'actualités qui me paraît opportun de savoir argumenter.

* La Police de Sécurité du Quotidien (PSQ). Il s'agit de la doctrine d'emploi de la Sécurité Publique mise en place lors du premier quinquennat du Président Macron et actuellement en vigueur.

* Le schéma national du maintien de l'ordre. Il s'agit de la nouvelle doctrine de maintien de l'ordre mise en place après la séquence des nombreuses manifestations dites « gilets jaunes ». Celle-ci a volontairement fait l'objet d'une présentation publique et journalistique.

* Le processus de généralisation actuelle des amendes forfaitaires délictuelles (usage de stupéfiants, défaut d'assurance automobile, occupation de hall immeuble, occupation illicite d'un terrain,…). Concrètement, le paiement immédiat d'un petit délit plutôt qu'une procédure papier avec passage éventuel devant un tribunal.

* Le thème des suicides au sein de la Police Nationale, plus élevé qu'au sein de la population en général.

* La montée des atteintes volontaires à l'intégrité physique, il s'agit de ce que l'homme de la rue nomme communément les « violences gratuites ».

* Les violences intra-familiales et le traitement judiciaire afférent.

* Le phénomène des rodéos- urbains. Savoir de quoi il s'agit.

* Création de l'OFAST depuis le 1 er janvier 2020. Il s'agit de l'Office anti-stupéfiants.

Bibliographie

Dans le même état d'esprit, voici quelques lectures qui peuvent tout à la fois nourrir votre réflexion et vous détendre utilement durant ces longs mois de préparation intensifs.

* « Le continuum de la sécurité nationale », Guillaume FARDE

* « La lutte antiterroriste », Guillaume FARDE

* « Top action ! Face aux crises », Denis FAVIER et Jean-Louis FIAMENGHI

* « Flic, tout simplement », Martine MONTEIL

* « Lettre à un jeune flic », Frédéric PECHENARD

* « Gardien de la paix », Frédéric PECHENARD

* « La France des caïds », Gerald PANDELON

* « La peur a changé de camp » : le cauchemar quotidien de la Police Nationale » Frédéric PLOQUIN

* « Police : la loi de l'omerta », Agnès NAUDIN

* « ABC de la criminologie », Alain BAUER

* « Une histoire de la France criminelle », Alain BAUER

* « Une histoire de la médecine légale et de l'identification criminelle », Alain BAUER

* « Á qui profite le Djihad ? » Xavier RAUFER

* « Le crime mondialisé, état des lieux en 99 vérités », Xavier RAUFER

* « Une vie de flic », Patrick VISSER-BOURDON

Chapitre 6

* « Le renseignement français en 100 dates », Olivier BRUN

Filmographie

- David DUFRESNE, « *un pays qui se tient sage* », 2020
- Cédric JIMENEZ, « *Bac Nord* », 2020
- Cédric JIMENEZ, « *Novembre* » 2022
- Dominik MOLL, « *La nuit du 12* » 2022
- MAIWENN, « *Polisse* », *2011*
- Bertrand TAVERNIER, « *L.627* », *1992*
- Xavier BEAUVOIS, « *Le petit Lieutenant* », *2005*
- Arnaud DESPLECHIN, « *Roubaix, une lumière* », *2019*
- Stefano SOLLIMA, « *ACAB* », *2012*
- Xavier BEAUVOIS, « *Albatros* », *2021*

Chapitre 6

Sites internet utiles

Sans être exhaustif, voici des sites internet dont la lecture périodique peut vous apporter des éléments utiles tout au long de ce concours.

- www.vie-publique.fr
- www.devenirpolicier.fr
- www.interieur.gouv.fr
- www.actu17.fr

Je vous recommande également de visiter les sites internet des principales organisations syndicales de la Police Nationale. Il n'y a pas moyen plus rapide de prendre connaissance des questions qui font l'actualité de l'Institution.

- www.commissaires.fr
- www.le-scpn.fr
- www.synergie-officiers.com
- www.scsi-pn.fr
- www.unitesgppolice.com
- www.alliancepn.fr
- www.police.unsa.org
- www.vigimi.fr

CHAPITRE 7 : **Les autres épreuves orales, le chemin de la réussite**

Il vous reste alors deux ou trois épreuves à passer après le grand oral:
1) l'épreuve de langue
2) l'épreuve de mise en situation individuelle
3) l'épreuve de mise en situation collective

L'épreuve de langue étrangére

La durée est de 20 minutes de préparation pour 20 minutes d'épreuve.

Votre note est déjà connue à un ou deux points supérieurs ou inférieurs près. Cet oral est ainsi fait que vous ne pouvez absolument pas faire illusion sur votre niveau réel dans la langue choisie, c'est exactement comme l'oral de niveau au TOEIC ou IELTS. Les examinateurs sont rompus à l'exercice. Il suffit de discuter avec vous quelques minutes en variant les sujets pour vous situer sur le barème.

Vous n'avez décemment pas le temps de travailler votre langue étrangère forte dans ces mois de préparation, le jury en a conscience.

Vous avez 20 minutes de préparation sur un texte qui vous est donné: extrait de journal dans la langue choisie sur un thème général. Vous le présentez ainsi quelques instants à l'examinateur, il s'agit d'une seule personne, qui est un professeur de la langue. Il ne s'agit pas d'un commissaire de police sélectionné pour ses aptitudes. Rapidement, l'oral s'oriente vers une discussion générale « que faites-vous ici ? », « où êtes vous né? », « où habitez-vous ? ».

Vous l'avez compris, ce n'est pas comme à l'écrit où vous

pouvez hausser considérablement votre niveau par la maîtrise d'éléments de langage. Il s'agit ici d'une discussion comme vous pourriez l'avoir dans un bureau avec un collègue à Berlin, Londres ou Madrid.

Soyez concentré et détendu pour cette épreuve.

L'épreuve de mise en situation individuelle

La durée est de 30 minutes de préparation pour 30 minutes d'épreuve.

Il s'agit d'un cas pratique tiré au sort comportant un dossier documentaire professionnel d'une dizaine de pages. Il s'agit d'une mise en situation fictive émanant ou non de l'univers de la police, pouvant comporter un dossier documentaire permettant de comprendre les enjeux de la problématique.

Après une phase de préparation, le candidat doit présenter oralement son analyse, ses réponses au problème posé par la mise en situation, puis répondre aux questions des examinateurs.

Il ne s'agit pas d'évaluer les compétences techniques du candidat pour résoudre le cas exposé, mais des capacités en termes de management, d'intelligence sociale, de rapport à l'autorité, d'adhésion aux valeurs.

La méthode exposée de manière exhaustive au chapitre 4 sur le cas pratique écrit à partir d'un dossier administratif s'applique ici sous la forme de l'oral.

Vous avez largement le temps de passer votre sujet au crible du plan d'action et de proposer un plan de réponse dans les 30 minutes de préparation imparties.

Vous allez même pouvoir utiliser à nouveau les éléments de langage proposés au chapitre 4.

Un concours de ce niveau se joue aussi à la capacité du candidat à travailler utilement et à utiliser ses connaissances et méthodes à l'occasion de différentes épreuves.

L'épreuve collective de mise en situation à partir d'un cas pratique

Conséquence de la réforme du 24 juillet 2023, cette épreuve ne concerne désormais plus que les candidats au second concours interne.

Il s'agit de se préparer à passer « *une mise en situation collective permettant d'apprécier, dans un contexte professionnel, les aptitudes relationnelles des candidats au travers la capacité à argumenter, la réactivité et l'aptitude à l'écoute et à la mise en œuvre de relations de coopération, ainsi que la faculté d'analyse et de distanciation.* »

Il est par ailleurs précisé que « *chaque groupe de mise en situation réunit au moins trois candidats et se déroule en deux temps :
-une mise en situation collective d'une durée de quarante-cinq minutes maximum
-un exercice individuel et personnel d'auto-évaluation d'une durée de quinze minutes maximum permettant de mettre en avant l'aptitude réflexive du candidat.* »

La préparation est de 5 minutes en salle d'examen. La durée de l'épreuve est de 45 minutes maximum, généralement en groupe de 4-6 candidats. Le coefficient est de 02.

Il s'agit d'une épreuve collective de mise en situation à partir d'un cas pratique pouvant comporter un dossier documentaire professionnel d'une dizaine de pages permettant de répondre à une problématique avec toute une équipe.

Les candidats sont répartis en groupe afin d'évaluer leur comportement, leur façon de s'exprimer et leur capacité relationnelle et décisionnelle. Il s'agit d'une situation fictive émanant ou non de l'univers de la police présentant une problématique à laquelle les candidats doivent répondre en commun.

Il ne s'agit pas d'évaluer la production du groupe mais les comportements de chacun en interaction avec les autres, les qualités de leadership, (capacités à faire passer ses idées), et l'intelligence sociale (capacité à prendre en compte les avis des autres.)

Telle est la description de cette épreuve dont on devine bien l'écueil qu'elle présente pour de nombreux candidats non préparés.

Je vous propose une méthode de préparation très rapide ainsi que des moyens d'exister utilement dans le cadre de cette épreuve collective quelle que puisse être l'attitude de vos partenaires candidats.

* Il s'agit d'une notation individuelle, la performance collective importe peu au jury.

Les critères de notation diffèrent quelque peu de ceux des oraux classiques. Les critères de connaissances générales honorables et d'une expression orale satisfaisante restent valables (pas de langage familier, connaissance de l'organisation des forces de l'ordre, des services de l'État et des collectivités territoriales requis).

Toutefois, l'aptitude à travailler en équipe sera ici logiquement évaluée:

- **Capacité de jugement:** savoir hiérarchiser ses idées, à dépasser le fait brut pour en tirer des conséquences. Savoir reprendre les arguments exprimés par les autres candidats s'ils sont estimés juste pour résoudre le problème ou, au contraire, savoir les écarter, s'ils ne paraissent pas judicieux à la résolution du dossier.

- **L'esprit de synthèse:** savoir stopper les débats et récapituler les points forts « pour » et « contre » des cinq dernières minutes, afin de reprendre des discussions constructives ou faire un bilan d'étape des discussions.

- **Écouter et être ouvert d'esprit**: ne pas être enfermé dans son propre schéma de pensée.

- **Capacité à s'imposer**: ne pas s'imposer unilatéralement du reste du groupe mais prendre une part active aux discussions et à la contradiction. Prendre des initiatives comme: donner le départ de la discussion, proposer une organisation des débats tant pour la prise de parole, que pour la gestion du temps et l'ordre dans lequel aborder les sujets, dans le cours de l'épreuve suggérer des temps de synthèse, rappeler le temps écoulé ou restant, calmer certains échanges lorsqu'ils deviennent trop vifs et improductifs, recentrer le débat sur le sujet,…

***La prise de note s'organise comme suit:** diviser une feuille de papier en deux colonnes.

A gauche, inscrivez, en les séparant, les points qui doivent faire l'objet d'une proposition concrète, à droite, en face de chacun des points, notez les propositions, puis distinguez en les soulignant celles qui ont été retenues et en les rayant celles qui ont été rejetées pendant l'échange.

Vous avez généralement 05 minutes de préparation individuelle sur le sujet. Vous êtes déjà autour de la table collective devant le jury et en présence de vos partenaires d'épreuve. Il n'y a pas d'aller et retour en salle de préparation.

* **Conseils pratiques:**

S'identifier: oralement ou à l'aide d'un chevalet artisanal.

L'attitude: la même que pour tout oral, en plus dynamique, ne pas tomber dans le familier ou le désinvolte.

La gestion du temps: poser une montre sur la table, noter l'heure de début de l'exercice.
- Signaler lorsque le groupe arrive à la moitié du temps imparti.
- Annoncer lorsqu'il reste deux-trois minutes.

Chapitre 7

Le sujet: bien le borner, vous êtes de futurs commissaires de police, il convient de ne pas effectuer d'actions qui ne sont pas celles de chefs de police: ramassage d'ordures ménagères, relations diplomatiques à l'étranger, gestion des finances,…

Agir dans le sens d'une hiérarchie présente, qui contrôlera vos décisions. Le Préfet par exemple.

Proposer des solutions concrètes, de bon sens: ce n'est pas un exercice intellectuel, si vous avez une heure pour faire évacuer une École sous la menace d'une attaque terroriste, cherchez des points de ralliement et d'évacuation plutôt que le texte juridique qui régente l'action. C'est un écueil que j'observe régulièrement en jury blanc sur cette épreuve.

Profiter de votre temps de parole pour être organisé et efficace, ne répétez pas uniquement ce que disent les autres. Sachez faire parler celui qui ne dit rien, faire cesser celui qui interrompt sans cesse.

Ne regardez pas le jury, uniquement les autres candidats.

Parler au nom du groupe, sauf pour des propositions individuelles.

Contrôlez-vous, quoi qu'il arrive. Ne vous mettez pas à l'écart physiquement de la table.

* Voici un exemple pour vous exercer seul ou à plusieurs:

X-Ville, le 28 avril 2023. 17H12. Météo printanière. Un peu de vent.

Un mouvement inter-confessionnel a lancé un appel au rassemblement « pour la liberté du culte » sur la grande place de X-VILLE à 16h00. Le succès est beaucoup plus important que prévu, des milliers de personnes affluent sur la grande place et dans les rues adjacentes.

Les autres épreuves orales, le chemin de la réussite

Un rassemblement de casseurs extrémistes très violents internationalistes se constitue de manière sauvage. Les « Blacks blocs » sont équipés de barre de fers, de casques, de pyrotechnie, boules de pétanques et pistolets à grenailles. Une banderole de tête annonce leurs intentions « *Cassons du curé, de l'imam et du rabbin pour que règne le mondialisme- Ni Dieu Ni maître- Tous cons- sommateurs* ».

Ils sont environ 2000 à 16h30, bénéficiant du renfort de lycéens attirés par l'alcool et les produits stupéfiants. Ils tentent d'approcher du rassemblement de 200 000 personnes par l'arrière au niveau d'une rue adjacente. A 16h35, les casseurs se disloquent en 10 groupes de 200 et chargent le rassemblement par différentes rues adjacentes.

Un gigantesque mouvement de foule de repli s'effectue. Une contre-charge spontanée « citoyenne » s'effectue même au moyen de 50 000 hommes, contre les 2000 « blacks blocs ». La grande place est le théâtre d'une confrontation brutale. Il y a de nombreuses personnes à terre sur un rayon d'un kilomètre. Des personnes cours dans tout le centre-ville. La bagarre continue.

Le mobilier urbain est dégradé, incendié. Les images TV sont choquantes, l'on voit des pères et mères de famille et enfants le visage ensanglanté poursuivis par des gens en noirs cagoulés. Une photo d'un imam le visage déformé par une boule de pétanque fait déjà le tour des réseaux sociaux.
Le renseignement territorial informe que les cités du département et des départements limitrophes, notamment la capitale régionale Z-Ville, se chauffent pour venir *«régler le compte de ces imposteurs par tout moyen séance tenante»*.

Les experts parlent d'une conjonction imprévisible et totalement explosive.

Le dispositif opérationnel de départ se compose de deux compagnies de CRS et de 50 effectifs locaux.

Chapitre 7

Vous prenez la direction des opérations de rétablissement de l'ordre dirigées en urgence par le Préfet de Département qui vient d'arriver à la cellule de crise du centre d'information et de commandement de votre Direction Départementale de la Sécurité Publique. Il entre dans la pièce en conversation téléphonique avec le Ministre de l'Intérieur qui découvre les premières images sur une chaîne d'information en continue, en hurlant «qu'est-ce que c'est que ça?».

***

Le sujet est volontairement le théâtre d'une crise, amplifiée voire grotesque. Il n'y a pas de bonnes réponses attendues. Entraînez-vous à appliquer la méthode avec d'autres partenaires ou des proches. Le but est d'être capables de dérouler les éléments expliqués *supra* quel que soit le sujet donné.

Les autres épreuves orales, le chemin de la réussite

Avant de conclure, voici quelques autres statistiques tirées du rapport du jury du concours 2022.

La major du concours externe est une femme de 25 ans, titulaire d'un master, qui obtient une moyenne générale de 13,87/20.

* La moyenne du concours externe est de :
- culture générale 8,94
- cas pratique 9,86
- droit pénal/procédure pénale 9,14
- droit public 8,37
- QRC 7,88

Le dernier admissible obtient la moyenne de 10,91/20 au concours externe.

La moyenne du dernier admis au concours externe est de 12,32/20.

Vous avez désormais compris qu'un tel concours ne s'obtient pas en raisonnant comme lors du passage des épreuves de semestre d'université ou grandes écoles. Vous avez la statistique du dernier admis, elle correspond à une mention assez bien à un passage de semestre dont chacun connaît la difficulté à obtenir une telle moyenne.

Vous connaissez désormais le niveau à atteindre. J'espère que ce livre vous sera d'une précieuse utilité dans ce parcours aussi exigeant que passionnant. Seuls les regrets sont éternels, l'engagement dans ce concours mérite d'être total pour espérer voir un jour son nom inscrit sur la liste des admis. Ceux qui préfèrent lézarder et passer du bon temps ne seront pas commissaire de police à 25 ans. C'est une question de choix.

CONCLUSION

Vous êtes candidat à l'un des concours les plus difficiles de la fonction publique française. Cela fait des dizaines d'années qu'il en est ainsi.

Votre ambition est saine, noble et légitime. Elle vous honore. Il convient désormais à être prêt moralement à en payer le prix en temps ainsi qu'en énergie dans les prochains mois.

Je connais la première question que l'on se pose arrivé à ce stade: qu'adviendra t'il si je passe deux ans de ma vie à le préparer et que je ne l'obtiens pas?

C'est une éventualité à accepter. Je crois pouvoir dire qu'elle me paraît plus acceptable à long terme que celle de ne pas l'avoir tenté.

L'expérience de l'accompagnement d'étudiants sérieux à ce concours me permet également de vous dire que l'on retrouve rapidement chaussures à son pied en cas d'échec au concours lorsque l'on s'est plongé totalement dans une telle préparation: autre concours ou contrat dans le privé. Les connaissances sont acquises tout comme les bons réflexes.

J'espère que ce livre contribuera à affermir votre détermination à vous engager dans cette voie et qu'il vous aidera à atteindre le succès au concours de vos rêves.

OUVRAGES DU MÊME AUTEUR

- « Le golf en 50 questions », fèvrier 2023

- « La passion du football en 50 questions, la légende du football racontée aux fans de tout âge », avril 2023

- « The passion for football, everything you need to know in 50 points », mai 2023

- « The passion for soccer, everything you need to know in 50 points », mai 2023

Printed in France by Amazon
Brétigny-sur-Orge, FR

14185814R00117